旅游企业人力资源管理

张　鹏　著

中国纺织出版社

图书在版编目（CIP）数据

旅游企业人力资源管理 / 张鹏著. —北京：中国纺织出版社，2018. 9（2024.3重印）
ISBN 978-7-5180-5369-8

Ⅰ. ①旅… Ⅱ. ①张… Ⅲ. ①旅游企业—人力资源管理 Ⅳ. ①F590. 6

中国版本图书馆 CIP 数据核字（2018）第 206563 号

旅游企业人力资源管理

策划编辑：樊雅莉　　责任校对：楼旭红　　责任印制：王艳丽

中国纺织出版社出版发行
地址：北京市朝阳区百子湾东里 A407 号楼　邮政编码：100124
销售电话：010-67004422　传真：010-87155801
http：//www. c-textilep. com
E-mail：faxing@c-textilep. com
中国纺织出版社天猫旗舰店
官方微博 http：//weibo. com/2119887771
北京兰星球彩色印刷有限公司印刷　　各地新华书店经销
2018 年 9 月第 1 版　2024 年 3 月第 3 次印刷
开本：710×1000　1/16　印张：13.5
字数：150 千字　定价：65.00 元

前　言

纷繁复杂的旅游企业管理，归根到底是对“人”的管理。旅游企业人力资源管理和其他的旅游企业职能管理，如营销管理、财务管理、前厅客房餐饮管理等，存在着一种纲举目张的关系，即旅游企业人力资源管理是旅游企业经营管理的基础和灵魂，任何一项旅游企业职能管理的好坏都可以追溯到人力资源管理的层面。

本书主要内容包括旅游企业人力资源管理概述、旅游企业人力资源规划、旅游企业工作分析、旅游企业员工招聘与甄选、旅游企业员工培训与发展、旅游企业薪酬制度的设计与管理、旅游企业员工绩效考评与结果管理、旅游企业管理中的员工激励、旅游企业劳动关系管理等内容。本书以培养应用型专业人才为目标，内容充实，逻辑性强，注重人力资源管理的创新性和操作性，可作为相关企业单位的参考用书。

在编写过程中，笔者参阅了大量的相关专著及论文等，在此对相关文献的作者表示感谢。由于编写水平有限，书中难免存在不妥之处，敬请各位专家、读者批评指正。

张鹏

目 录

第一章　绪论

第一节　人力资源管理

一、什么是人力资源管理

（一）人力资源管理是一种基本的管理职能

要理解什么是人事管理，我们首先必须明白管理者是干什么的。大多数管理学专家都认为，任何管理者都要执行这样五种基本职能：计划、组织、人事、领导和控制。总的看来，这些职能代表了我们通常所说的管理过程。每一种管理职能包含的特定活动如下。

计划：确立目标和标准，制定规则和程序，拟定计划以及进行预测——估计或设想将来有可能会发生什么事情。

组织：给每位下属分配一项特定的任务，设立工作部门，向下属授权，建立权力流动和信息沟通渠道，协调下属之间的工作。

人事：确定什么样的人才能被录用，招募员工，甄选员工，确定工作绩效标准，给员工支付报酬，进行工作绩效考评，向员工提供建议，对员工实施培训和技能开发。

领导：促使其他人完成他们的工作，维持组织成员的士气，激励下属。

控制：制定像销售定额、质量标准或生产水平一类的标准，对照上述标准检查实际的工作绩效，在必要时采取适当的行动。

在本书中，我们将集中探讨这五大职能之一，即人事管理职能，若把它与组织的经营战略联系起来则称为人力资源管理。

（二）人力资源管理的概念

企业人力资源管理与生产、营销、财务管理等一样，同为组织的一项必不可少的基本管理职能。基于这一认识，我们给微观人力资源管理下一个定义：

通过不断地获得人力资源，把得到的人力整合到组织中而融为一体，保持和激励他们对本组织的忠诚与积极性，控制他们的工作绩效并作相应的调整，尽量开发他们的潜能，以支持组织目标的实现，这样的一些活动、职能、责任和过程就是微观人力资源管理。它具体包括以下几个环节。

1. 获取

这首先包括职务分析。组织根据其文化价值观、使命、目标与战略，确定了它的职能分工与劳动分工的形式，设计出它的结构后，分析并具体制订出每一工作岗位的职务说明书；根据组织内、外条件与目标，作出人力资源近期、中期与远期规划；据此进行对所需人员的吸引、招聘、考评、选拔、委派与安置。

2. 整合

又叫作一体化，即使招录到的人员不仅在组织上参加到本组织中来，而且在思想上、感情上和心理上与组织认同并融为一体。这包括对员工的培训，介绍组织的宗旨与目标，启发和指引他们接受这些宗旨与目标，协调好组织中的人际和群际关系。

3. 保持与激励

指对招聘的人员采取适当措施，使其对工作的条件和环境感到满意，培养和保持工作热情。组织通过设计并执行公平合理的奖酬、福利、保健等制度，建立起激励机制，激发劳动者的内在潜力。

4. 控制与调整

这包括合理而完整的绩效考评制度的设置与执行，并在此基础上采取适当的措施，如晋升、调迁、解雇、离退、奖励、惩戒等的实行与落实。

5. 开发

这是指企业为有效地发挥人的才干和提高人的能力而进行的一系列活动。开发活动的主要环节有人才发现、人才培养、人才使用与人才调剂。它包括两个目标：一是提高人力资源的质量，二是提高其活力。具体活动有教育训练、组织发展、提高生活质量等。

这五个方面是互相关联的，并且都是为实现组织的既定目标与使命而服务的。

（三）人力资源管理对所有的管理者来说都十分重要

为什么说人力资源管理概念和技术对所有的管理人员来说都是十分重要的呢？如果我们把人们希望避免在管理过程出现的与人事问题有关的那些错误列举出来，那么这一问题可能就比较容易回答了。比方说，管理人员不愿意：雇用一个不恰当的人来从事工作，出现高流动率，属下员工工作不尽力，在无效的面谈上浪费时间，由于自己的失职行为而使公司被起诉，由于不安全的工作环境使企业遭受不必要的人身和财产的损失，属下员工感觉到他们自己所得到的薪资与组织中的其他人相比是不公平或不公正的，由于对雇员缺乏培训而使本部门的效率受损，触犯法律所禁止的不公正劳资关系行为。

更为重要的是，它可以帮助你借助别人的力量来达到你想要实现的目标。你既可能成为一名把一切安排得井井有条的管理者（制订明智的计划、勾画出清晰的组织图、建立起现代化的流水线、实行复杂的财务控制），也可能成为一名失败的管理者（比如雇用了不恰当的人、不能为下属提供激励等）。许多管理者，无论是总裁、总经理、主管人员还是监督人员，可能都曾经在计划、组织和控制等职能不健全的情况下成功地进行了管理。而他们之所以能够取得成功，恰恰是因为他们掌握了如何雇用恰当的人来承担工作，并对他们进行激励、考评与能力开发。在阅读本书的时候，请你记住，达到目的只是对管理的最低要求，并且作为一名管理者，你实际上必须借助别人的努力才能达到一定的目的。

二、人力资源的特征

资源是一个经济学术语，它泛指社会财富的源泉，是指能给人们带来新的使用价值和价值的客观存在物。迄今为止，世界上有四大资源：人力资源、自然资源、资本资源、信息资源。一般把资源分为两大类：一是物质资源，一是人力资源。我们通常所说的管理中的“人、财、物”，“人”即人力资源，“财”和“物”均属物质资源。

（一）人力资源的概念

什么是人力资源，学术界尚存在不同的认识和看法。一般认为人力资源是指能够推动整个经济和社会发展的劳动者的能力，它反映一个国家或地区人口总体所拥有的劳动能力。人力资源包括数量与质量两个方面。

1. 人力资源数量

一国或地区拥有劳动能力的人口的数量。包括就业人口，劳动年龄内（我国男性 16～60 岁，女性 16～55 岁）的就业人口，家务劳动人口，正在谋求职业的人口等。

人力资源数量可分为三个经济层次：

第一，理论人力资源，即一国或地区可资利用的全部人力资源；

第二，现实人力资源，即现实国民经济活动可以利用的就业人口和谋求职业人口的总和，也称“经济活动人口”；

第三，直接人力资源，即已经被使用的资源，它表现为就业人口。

2. 人力资源质量

一国或地区拥有劳动能力的人口的身体素质、文化素质、思想道德以及素质与专业（职业）劳动技能水平的统一。影响人力资源质量的因素有人类体质与智能遗传、营养状况、教育状况（国民教育发展水平、成人教育、早期教育）、文化观念以及经济与社会环境等。

（二）人力资源的特征

为了研究人力资源，还需弄清楚人力资源的特征。马克思说过，人本身单纯地作为劳动力存在，也是自然对象，是物，不过是活的、有意识的物。正因为人是这样一种特殊的物质存在，所以这种资源较之于其他物质资源具有自己鲜明的个性特征。

1. 生成过程的时代性

一个国家的人力资源，在其形成过程中受到时代条件的制约。同时在社会上发挥作用的几代人，生下来就置身于既定的生产力和生产关系之中，当时的社会发展水平从整体上制约着这批人力资源的素质。他们只能在时代为他们提供的条件前提下，努力发挥其作用。

2. 开发对象的能动性

自然资源在其被开发过程中，完全处于被动的地位。人力资源则不同，在被开发的过程中，人有意识、有目的地进行活动，能主动调节与外部的关系，具有能动性。对其能动性调动得如何，直接决定着开发的程度、达到的水平。有的学者将这个特点概括为“可激励性”。可激励的前提是对象具有能动性。这就要求人们在从事人力资源开发工作时，不能只靠技术性指标的增减和数学公式的推导，还要靠政策去调动人们的积极性。

3. 使用过程的时效性

矿产资源一般都可以长期储存，不采不用，品位不会降低。人力资源则不然，储而不用，才能就会被荒废、会退化。无论哪类人，都有其才能发挥的最佳期、最佳年龄段。当然，人依其类别不同，其才能发挥的最佳期也不一样。一般而言，25～45 岁是科技人才的黄金年龄，37 岁为其峰值。人才开发与使用必须及时。开发使用时间不一样，所得效益也不相同。

4. 开发过程的持续性

作为物质资源一般经过 1～2 次开发，形成产品使用之后，就不存在继续开发问题了。人力资源不同，使用过程同时也是开发过程，而且这种开发过程具有持续性。传统的观念和做法认为，一个人从学校毕业后就进入工作阶段，开发与使用界限分明。这种“干电池”理论目前已经被“蓄电池”理论所代替。后者认为，人工作之后，还需要不断学习，继续充实和提高自己。人类用自己的知识智力创造了工具，如机器人、计算机等，从而增强了自身能力。

5. 闲置过程的消耗性

人力资源与一般物质资源的又一个明显区别是，他们不加以使用，处于闲置状态时，具有消耗性，即为了维持其本身的存在，必须消耗一定数量的其他自然资源，比如粮食、水、能源等等。这是活资源用以维持生命所必不可少的消耗。在我们使用这种资源的时候，必须重视这个特点。

6. 组织过程的社会性

人力资源开发的核心在于提高个体的素质，因为每一个个体素质的提高，必将形成高水平的人力资源质量。但是，在现代社会中，在高度社会化大生产的条件下，个体要通过一定的群体来发挥作用，合理的群体组织结构有助于个体的成长及高效地发挥作用，不合理的群体组织结构则会对个体造成压抑。群体组织结构在很大程度上又取决于社会环境，社会环境构成了人力资源的大背景，它通过群体组织直接或间接地影响人力资源开发。

第二节　人力资源管理理论的形成与发展

人事管理是随着企业管理理论的发展而逐步形成的。我国是具有五千年文明史的古国，在长期的生产斗争中积累了丰富的管理经验。国外管理学界认为，世界上第一部系统地论述管理问题的著作是我国春秋末期的《孙子兵法》。自古以来，我国的书籍资料中记述了大量的“人事管理”的原则与方法，如任人唯贤、唯才是举、知人善任、人尽其才等等都是与现代人事管理的内容相吻合的。

人事管理作为一门独立的学科，形成于20世纪初美国科学管理兴起时期，迄今已有80多年的历史。它是企业职工福利工作的传统与泰勒科学管理方法相结合的产物。随后，工业心理学和行为科学的兴起，对这门学科产生了重大的影响，并使之趋于成熟。

一、科学管理阶段的人事管理

到了19世纪末至20世纪初，管理才真正形成为一门科学。这一时期称为科学管理时期，泰勒是科学管理的主要代表人物。

泰勒从1874年开始在一家小型公司里当学徒，随后在末德瓦和伯利恒钢铁公司做工。6年之内，他从一名普通工人提升为领班、车间工长、车间主任、总机械师直至总工程师。1900年左右，他在伯利恒钢铁公司进行了著名的“搬铁块”试验。他为搬铁块的工人设计了一套标准的动作方式，按照这套标准动作干活，每个工人的平均日产量由原来的12.5英吨提高到了47.5

英吨，这就是后来被称之为“时间与动作研究”的基础实验。以后，他又组织进行了“铁锹试验”“金属切削试验”等一系列的实验。实验证明，企业管理当局不懂得用科学方法来进行管理，不懂得工作程序、劳动节奏和疲劳因素对劳动生产率的影响，而工人缺乏训练，没有正确的操作方法和合用工具，这些都会大大妨碍劳动生产率的提高。就人事管理而言，泰勒主要倡导以下几点。

第一，倡导劳资双方的“合作”。劳资双方为如何分配收益而争吵并造成彼此的敌对和冲突，是因为劳动效率不高、盈余不足，只要双方友好合作，就可以使双方均获益。

第二，倡导管理人员和工人均分工作和责任，责权利分明。

第三，提出了工作定额原理。这一原理要求，先是通过工作研究制定出标准的操作方法，然后对全体工人进行训练，让他们掌握这套最优工作法，再据此制定工作定额。

第四，提倡实行一种有差别的、有刺激性的计件工资制度，以鼓励工人完成较高的工作定额。

科学管理提出的“劳动定额”“工时定额”“工作流程图”“计件工资制”等一系列的管理制度与方法奠定了人事管理学科的基础。

科学管理的精髓“时间与动作研究”（Time&Motion Study）就是以工作效率为目标对各项劳动进行的研究。这一理论目前仍在酒店、餐厅的人事管理中发挥着积极的作用。为了使工作简化，从而节省劳动力支出、降低劳动成本、在同样的劳动时间内完成更多的工作，旅游企业有必要对工作中各重要环节进行时间和动作研究。其含义是将完成某项工作的过程系统化，分解各项动作，消除那些不必要的动作与环节，从而达到节省时间、节省劳动力的目的。时间与动作研究中得到的基本原理同样适用于旅游企业的服务工作。例如，员工的双手要同时开始工作，这样可以增强节律，减少由于重复动作造成的时间损失；工作时双手动作方向相反或对称，这样利于保持身体平衡；一项工作的基础动作尽量精简；员工的动作应在活动半径之内，不要竭力伸长；能用脚代替手的动作，就用脚去做，手脚并用则效果更佳；系列动作要系统安排，以使动作有节奏，通过紧张、松弛和快慢的变化来增强工作效率。

“时间与动作研究”在目前旅游企业尤其是饭店企业的管理中可以广泛运用。从餐厅服务程序到厨房工作环节及工作台的设计，从客房清扫程序到前台业务环节的设计都离不开这一科学管理的基本原理。例如，在餐厅服务中托盘的使用、步伐要求、看台分工等都能减轻服务员的劳动。厨房内部设备的设计和厨具的使用以及冲洗、切配、灶台、成品台的位置都应体现出减少无效劳动的原则。总台的设计中要求行李台靠近大门、以客房状况控制盘为中心设计前台工作等也都体现了科学管理的原理。“时间与动作研究”运用最广、产生实效最明显的是在客房清洁工作程序中的研究。客房清洁工作的固定空间、固定工作、固定程序，使得该项工作具有较强的独立性。不仅饭店希望从工作方法的研究中确定最佳工作定额，而且客房服务员也想从研究中获得提高工作效率的启迪，因此国内外饭店都曾进行过工作方法的研究和跟踪调查。

对客房清扫工作进行系统的“时间与动作研究”是在1948年由美国芝加哥一家大饭店和珀杜（Purdue）大学共同进行的。研究专家们在实验室中使用计时表和照相机对客房服务员清理客房的过程进行了仔细观察和记录。他们不仅记录了各个动作的时间，而且每个动作都要拍照。例如，服务员从敲门到打开房门用了5秒钟，并对服务员从房门走到窗户、从窗户到床、从床到擦抹家具以至清扫卫生间都进行了研究。最后将记录结果整理好，发现铺床用了302秒，清理地毯用了234秒，擦抹家具用了248秒，清理卫生间用了171秒，累计清洁一间客房共计1835秒，共走了439步。然后，这些专家仔细分析和研究服务员的动作和工作程序，简化了工作程序，减少了不必要的动作，总结出了新的工作程序。按照这种方法，客房服务员清理客房的过程由原来的1835秒减少到1218秒，在不使用新工具设备的前提下，工作时间节省了1/3，同时服务员所迈步数也由原来的439步减少到148步。

几分钟看起来是微不足道的，但是要将所节省的时间累计起来，其结果将是惊人的。例如，假设芝加哥这家饭店从每间客房的清扫中节省10分钟，那么1360间客房就节省了1360×10＝13600分钟，一年就节省了13600÷60×365天＝82733小时。如果服务员工资按每小时1．8美元计算，那么82733×1．8美元＝148919．40美元。从时间到效益的转换是令人震惊的。

根据科学管理的基本原则，在酒店客房管理中，清洁车的使用、清洁工具和物品的配备、铺床的方法和客房清洁工作遵循的基本原则如“先上后下、先里后外”以及清洁工作的分工都利于节省劳动时间和体力消耗，从而达到提高劳动生产率的目的。

二、行为科学的人事管理

随着生活水平和知识水平的提高，在西方国家，人们对精神生活的要求也日渐提高，单纯地把人看成工具、无限制地压搾工人血汗提高工作效率的管理手段遭到工人阶级的普遍反抗。因此，如何在新的形势下满足工人的心理需求，调动其工作积极性，就成为一个新的课题，行为科学的人事管理由此应运而生。

行为科学学派强调从心理学、社会学的角度去研究管理问题。它重视社会环境、人们之间的相互关系对提高工作效率的影响。行为科学学派认为，生产不仅受到物理、生理的影响，而且受到社会因素、心理因素的影响，不能只重视物理、技术因素而忽视社会因素、心理因素对生产效率的影响。简单地说，行为科学学派重视人的因素，重视企业中人与人之间的关系，主张用各种方法去调动人的工作积极性。

行为科学基于“社会人”的假设，即人们在工作中得到的物质利益对于调动人们的生产积极性只有次要意义，人们最重视的是在工作中与周围的人友好相处。“社会人”的假设是由霍桑实验的主持者梅奥提出的。梅奥等人在霍桑工厂进行了著名的“照明实验”“福利实验”“群体实验”“谈话实验”，通过这一系列的实验，行为科学学派提出了新的管理措施。

(1) 管理人员不能只注意指挥、监督、计划、控制和组织，而更应重视员工之间的关系，培养和形成职工的归属感和整体感。

(2) 管理人员不应只注意完成生产任务，而应把注意力放在关心人、满足人的需要上。

(3) 在实行奖励时，提倡集体奖励制度，而不主张个人奖励制度。

(4) 管理人员的职能还应该增加联络职工与上级管理者的内容，并提倡在不同程度上让职工和下级参与企业决策和管理工作的研究与讨论。

行为科学学派研究的问题范围很广，它包括领导人的培训、群体动力、动机与满意、参与管理、个人与群体关系、行为矫正、敏感性训练、工作扩大化与丰富化、社会技术系统、组织变革、目标管理以及提高工作生活质量等。

行为科学极大地丰富了现代人事管理学的内容，表现为人事管理领域的扩大。它除了对员工的选用、迁调、待遇、考评、退休等进行研究之外，还注意对人的动机、行为目的加以研究，以求了解员工的心理，激发他们的工作意愿，充分发挥他们的潜力。

行为科学的引进使人事管理由静态管理逐渐发展为动态管理，由以往重视制度以求人事稳定、规章细密难以变动的情况，逐步发展到一方面注意法规，另一方面强调法规具有弹性，以适应管理对象的复杂状况，在所规定的范围内注意个别差异，注意尊重员工自身的意志和愿望，努力使他们的工作成就与其自身的追求与利益相结合，通过合理组织与利用人力资源，最大程度的激发员工的劳动积极性，提高工作质量和经济效益。

随着员工生活水平的提高、精神需要的增加，现代旅游业的人事管理也必须适应时代的需要。忽视员工的需求心理，完全采用强制、惩罚的手段，将员工视为工具的管理方式，已不适合现代旅游业的需要。企业管理者必须在了解员工社会需求和心理需求的基础上，尊重员工，采取一定的管理手段，激发员工的积极性，提高“士气”，以利于实现企业的经营目标。

三、从人事管理到人力资源管理

人力资源管理与人事管理是两个不同的术语，它代表了在人的管理方面不同的历史阶段的不同特点。人事部门的正式出现大致在 20 世纪 20 年代。其背景是产业革命促成了工厂系统的生成，不仅给人们提供了众多就业的机会，也给工厂主提供了选择劳动力的机会。这样，如何用较少的人干较多的事，如何提高劳动生产力，就成为人事部门必须考虑的问题。

在“人—生产力—产品”这个链条中，管理者首先本能地趋向于通过更好地使用机器来降低成本。后来发现，改革管理人力资源的方式、开发人的潜在能力、充分发挥人的主观能动作用是更为重要的手段，并认识到，在一切资源中，人力资源是最为重要的资源。由此可知，从人事管理向人力资源的开发与管理的过渡，是一个前因与后果相互联系的历史演变过程，是难以截然分割的。但是二者的差别也已显示出来，这主要表现在以下四个方面。

（一）人力资源开发与管理的视野更为宽阔

传统的劳动人事工作，考虑的是员工的选拔、使用、考评、报酬、晋升、调动、退休等。人力资源管理打破了工人、职员的界线，统一考虑一个国家或地区的组织中所有体力、脑力劳动者的管理。除考虑“从入到出”这个管理过程外，还考虑各类人力资源之间如何以适当的比例平衡发展，这种比例是与国家或地区经济社会发展的需要相适应的。

（二）人力资源开发与管理的内容更为丰富

传统人事管理部门的功能是招募新人、填补空缺，即所谓“给适当的人找适当的事，为适当的事找适当的人”，人事相宜之后，就是一系列管理环节督导执行了。人力资源管理不仅具有这种功能，还要担负进行工作设计、规划工作流程、协调工作关系的任务。这是因为传统的人事部门视组织编制为固定不变，只是试图提供所需人力，而随着时代的发展，人们更加关注工作岗位与人的关系以及在岗人员积极性、创造性的发挥，因此，对各种岗位进行重新设计，使工作面更宽、内容更丰富、更具有挑战性就成为一种必然的要求。

（三）人力资源开发与管理更加注重开发人的潜在才能

传统的人事管理以降低成本为宗旨，它是把所有雇员的工资都打入成本之内的。因此，如何少雇人、多出活是其关心的问题。而人力资源管理则首先把人看作一种可以开发的资源，认为通过开发和科学管理，可以使其升值，创造出更大的甚至意想不到的价值；其次，它非常关心如何从培训、工作设计与工作协调等方面开发人的潜能，因此，这种管理将实现从消极压缩成本到积极开发才能的转化，具有重大意义。

（四）人力资源管理更具有系统性

传统的人事管理在我国是被分割的，如劳资科管企业的工资及员工的调配，人事科管技术人员及科室的调配、晋升，教育科管员工的培训，党委组织部负责各级主管人员的管理。人力资源管理要求将企业现有的全部人员，甚至包括有可能利用的企业外的人力作为统一的系统加以规划，制订恰当的选拔、培养、任用、调配、激励等政策，以达到尽可能利用人的创造力增加企业及社会财富的目的。

总而言之，以往的人事管理者处在“幕僚”地位，他们只是为领导者提供某些建议，并不参与决策。随着人力资源管理与开发地位的提高，越来越多的人力资源管理部门上升为具有决策职能的业务部门。工作人员的职能，从简单的提供人力到为人力设计安排合适的工作；从只管人，到管理人与工作的关系、人与人的关系、工作与工作的关系；从咨询到决策。

第三节　旅游业与人力资源管理

现代旅游业的发展起源于第二次世界大战之后，并一直保持着高速度发展的趋势。尤其是进入 20 世纪 90 年代以后，全世界每年接待的国际旅游者人数和国际旅游收入的增长速度均超过 10%，成为当今后工业化社会发展最快的产业之一。旅游业作为经济建设的重要产业越来越受到世界各国和地区政府的高度重视。许多国家特别是发展中国家已把旅游业当作实现当地经济腾飞的重点产业来扶持。

一、旅游业

关于旅游业的定义问题，人们有着不同的认识。

旅游业不像农业和工业那样是一个界限分明的独立产业，因为它的产品是由住宿业、旅行业、餐饮业、交通运输业、商业等多项产业共同提供和构成的。几乎旅游目的地的各种产业都与旅游业有关。旅游业不像其他产业那样界限分明正是说明了旅游业的特点，旅游业的产品构成涉及多种有关行业的情况同样也是其特点的反映。尽管这些产业或行业的主要业务和产品有所不同，但在涉及到旅游的方面，它们都有一个共同之处，就是便利旅游活动，通过提供各自的产品和服务满足旅游者的需要。

一般认为旅游业就是以旅游资源为凭借，以旅游设施为基础，通过提供旅游服务满足旅游消费者各种需要的综合性行业。由定义不难看出，旅游资源、旅游设施和旅游服务是旅游业经营管理的三大要素。旅游饭店、旅游交通和旅行社构成了旅游业的三大支柱。按照我国目前的情况，旅游业的构成应该包括下列各类企业：旅行社，以饭店为代表的住宿业，餐饮业，交通运输业，游览娱乐行业，旅游用品和纪念品销售行业。各级旅游管理机构、旅游行业组织虽非直接盈利的企业，但它们在促进和扩大商业性经营部门的盈利方面起着重要的支持作用，因而也应纳入旅游业的构成之中。旅游业同时还应包括支持发展旅游的各种旅游组织。

二、旅游业的性质

（一）旅游业的经济性

旅游业是一项高度分散的行业，它由各种大小不同、地点不同、性质不同、组织类型不同、服务范围不同的企业组成。这些企业是以盈利为目的，并进行独立核算的经济组织，由它们构成的旅游业则不可避免地成为一项经济产业。因此，旅游业是具有经济性质的服务行业，经济性是旅游业的根本性质。

（二）旅游业的文化性

从旅游消费者的角度来看，旅游业又是具有文化性质的服务行业，旅游者在旅游过程中可以陶冶情操、丰富文化知识、增长见识。因而旅游者在旅游时付出的费用，其本质是文化消费。

综合上述两点，从经济社会发展的总体来看，我们可以说旅游业是一种文化—经济事业。因为一方面在旅游消费中，无论人文景观还是自然景观，主要是满足旅游者文化生活的需要，具有明显的文化性质。但另一方面，旅游景观的开发和旅游设施的建设都需要投资，在商品经济条件下这种投资无论来自政府还是来自企业或部门，都需要进行投入与产出的比较，所以它又具有明显的经济性质。在我国社会主义的初级阶段，旅游服务主要是当作商品来生产和经营的。因此，对我国现阶段旅游业性质的表述，就应当把“文化”和“经济”的次序加以调整，必须说它是一种经济—文化事业。凡是为旅游者提供服务的企业或个人，都是旅游商品的生产者和经营者。

（三）旅游业是资金密集型和劳动密集型产业

判断某一行业是资金密集型还是劳动密集型的标准有以下三点：一是企业投入的技术装备的固定资产和劳动力配合比例的高低，即每个劳动力占有固定资金的多少；二是企业生产经营成本中活的劳动消耗所占比重的大小；三是企业资金或资本有机构成的高低。

劳动密集型企业是指技术设备程度较低，投资少，用人多，产品或服务成本中活劳动消耗比重大的旅游企业。旅行社企业、旅游商店企业和旅游配套企业中的部分旅游产品生产企业，包括部分旅游商品以及旅游副食品和食品原料生产企业，一般都属于劳动密集型企业。

另外，按照产业结构分类，旅游业属于第三产业，或称服务行业，其特点是以劳务的提供取得收入。

三、旅游业的特点

从旅游业的职能和它的实际作用来看，旅游业也是国民经济中的一个服务行业，但是它与社会上一般服务行业相比有着许多自身的特点。

（一）综合性

由于旅游业经营者必须为旅游者提供食、住、行、游、购、娱等一体化服务，为了满足旅游者的这种多重需要，就要由多种不同类型的企业为旅游者提供商品和服务，因而它必须联系到国民经济中其他的行业和部门。它实际上是许多有关行业的综合体，满足旅游者需要的这一业务关系纽带把它们联系到了一起。

（二）依赖性

旅游业的依赖性表现在三个方面。一是要有旅游资源作为依托。二是有赖于国民经济的发展。客源国的经济发展水平决定着旅游者的数量、消费水平和消费频率；接待国的经济发展程度决定着旅游综合接待能力的强弱，并在一定程度上影响服务质量。三是有赖于有关部门和行业的全力合作，协调发展。任何一个相关行业脱节，都会使旅游业经营活动难以正常运转。

（三）敏感性

旅游业的发展要受到许多种因素的影响和制约，比如各种自然的、政治的、经济的、社会的因素和旅游业内部各组成部分之间以及与旅游业相关的多种行业、部门之间的协调因素等，都会对旅游业的发展产生影响。另外，旅游业是一种高层次消费，需求弹性大，影响旅游需求的各种因素有微小的变化就会在较大程度上对旅游需求发生作用，使其产生大幅度波动，从而增加了旅游业的不稳定性。

四、旅游市场的特点

旅游市场是一种服务市场，销售的是旅游产品。旅游产品不同于一般的商品，它是由旅游资源、旅游设施、旅游服务等多种要素组成的特殊产品，其中既有有形的物质要素，也有无形的非物质要素。由此决定了旅游市场也不同于一般的市场，它具有自身所独有的特点。

（一）旅游市场的交换目的是为了满足人们日益增长的物质文化需要

旅游市场的供求基本问题是协调各环节的旅游商品供给者之间的关系，使它们在时间上、地区上协调地提供旅游服务，使旅游者的需求充分得到满足。

（二）旅游市场上旅游产品和旅游者的异地性

在一般的市场上，顾客都能够看到商品和服务，当场作出评价，决定购买与否；但旅游产品的实物本身是无法在旅游市场上出现的，即产销并不真正见面，比如长城无法运到纽约、富士山也来不了北京，销售旅游产品只能通过模型、图片、文字等说明介绍。旅游者对旅游产品的真正接触只能发生在购买之后的旅游活动中，旅游活动结束后，旅游者才能对旅游产品作出客观的正确评价。

（三）旅游者在旅游市场上购买的产品的无形性

在旅游市场上旅游者购买的主要是旅游资源、设施和服务所提供的效用和利益，而不是有形的实体。

（四）旅游市场具有季节性

旅游市场受自然条件及旅游者闲暇时间等因素的影响，季节性十分明显，有旺季和淡季之分，这就要求旅游经营者采取一些有效的政策和措施，调节旅游客流量，相对缩短淡旺季之间的差距，使旅游业协调发展。

五、旅游企业人力资源管理

根据旅游业的性质、特点，旅游企业是提供服务产品的企业，员工参与服务生产过程，向顾客提供面对面、高接触的服务。当今，科学技术越来越发达，但旅游企业所提供的服务无法为机器或物质生产过程所代替，而且顾客越来越需要高接触、体贴入微、富有人情味的个性化服务。旅游企业应特别重视人力资源的管理。美国罗森帕斯旅游管理公司总裁罗森帕斯曾向“顾客就是上帝”的传统观念挑战，认为“员工第一，顾客第二”是企业成功之道。他认为只有把员工放在第一位，员工才有顾客至上的意识。由此可见，旅游企业人力资源管理，不仅是高质量完成服务过程、实现组织目标的必要保证，也是企业实施服务竞争战略的基础。西方旅游企业将人力资源管理的重点放在激励、安抚员工，挖掘员工潜能上；我国旅游企业人力资源近年的重点是培训、调整劳动关系和稳定员工队伍。

（一）旅游企业人员流动的原因与控制

美国著名管理学家麦克菲林（Jame M. Mcfillen）、瑞杰尔（Carl D. Rlegel）和恩兹（Cathy A. Enz）认为旅游企业员工流动模式如图 1-1 所示。

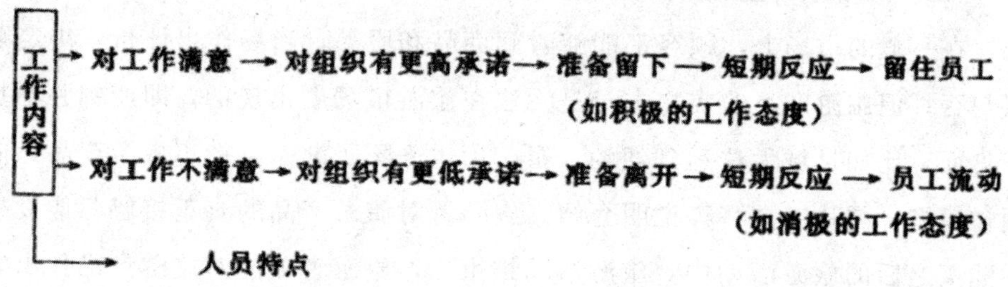

图 1-1　旅游企业员工流动模型

以上模式表明，员工有离开（即流动）的愿望是由两个因素相互作用的结果，一个是工作的满意程度；另一个是个人对组织的承诺度。例如，员工与饭店签约 8 年，而是否干满 8 年是由其承诺度决定的。若承诺度高则不仅会干满 8 年，而且还有可能续约；若承诺度低则会很快离开，干不满 8 年。员工个人特点、某项具体工作内容和特点相结合，就影响到员工工作的满意程度。如果工作满意程度高，员工对组织的承诺度就会强烈而且对工作经常抱有积极的态度，这样，员工就可能留在饭店；反过来，如果工作满意程度低，员工对组织的承诺度就会减弱，工作态度变得消极，一有机会，员工就会流失。

麦克菲林等研究发现，饭店员工最关心的三个因素是：①足够的培训；②管理人员的管理技巧；③饭店组织结构和政策。他们认为，有四个主要因素影响员工流动：①接受的培训；②工作时间与班次安排；③管理人员的管理技巧；④组织和政策。他们认为，报酬与员工流动只有相对弱的联系，对报酬的不满只是普遍不满的一种反映，如果工作要求超过承受能力，增加报酬只能暂时降低不满情绪。

1995年，美国著名管理学家西蒙（Tony Simon）和恩兹用序数效应的方法，让我国香港特区12家饭店的278名员工对柯维奇的十因素进行排序，发现最重要的三个因素依次为：职业发展机会、对员工的忠诚感和良好的工资报酬。类似研究也表明，饭店员工对于职业发展有着强烈的愿望，他们将其作为个人生活很重要的一个方面。“对员工的忠诚”排在第二位，表明饭店员工重视别人对自己的尊重和信任。“良好的报酬”突出，是由于持续的通货膨胀、不断上升的生活标准以及脆弱的社会福利体系。因此，根据国内外相关的研究结果，职业发展机会、饭店对员工的忠诚（即对员工的尊重和信任）以及良好的工资报酬是饭店员工最关心的三个要素，饭店对这三个因素的不重视，是导致员工流动最重要的原因。因此，饭店要控制员工的流失，也应从上述几个方面着手。

（二）旅游服务与工作生活质量

卡尔·布莱特（Karl Albrecht）和让·塞莫科（Ron Zemke）在他们的《美国，服务万岁！》（*Service America*！）一书中指出，在服务行业中，“一些关键事件既可以成全你也可以毁了你”，并且他们认为，他们所谓的“最后四步”正是既可能使企业成功也可能使企业失败的关键所在。例如，在谈到家具零售连锁店时，他们描述了“当一位顾客走进商店却遇到一种令人心情不快的购物环境时，巨大的广告投资是如何付诸东流的”。如果能吸引顾客走进商店的前厅，那么数以千计的广告费支出就可以说是有效的了。而一旦顾客走进了门内，“就轮到商店里的人来完成顾客走最后四步时所发生的事情了”。在这时，如果顾客遇到的是一位反应迟钝或不愿意讲解各种不同产品优缺点的售货员，或者遇到一位（更为差劲的）干脆毫不客气的售货员，那么商店在此之前所做的所有其他努力就都白费了。服务型组织除了出售服务之外，实际上没有什么好卖的，因此对这类组织来说，更为突出的是要唯一性地依赖员工的才能与热情。

人力资源管理在服务型企业中处于关键地位。旅游企业员工的服务质量与员工获得的工作生活质量密不可分。要想使员工发挥最佳工作状态，就要求企业形成一种积极的文化、情感和心理环境，这种环境的形成与否，可以用工作现场的总体工作生活质量来衡量。工作生活质量可以定义为：员工重要的个人需要能够在工作中得到满足的程度。根据专家们的意见，它至少包括以下几个要素：①一种值得去做的工作；②安全无虑的工作条件；③足够的薪资和福利；④有保障的就业状态；⑤充分的工作指导；⑥工作绩效反馈；⑦在工作中学习和发展的机会；⑧增长才干的机会；⑨积极的社会环境；⑩公正公平的交往。

以后的各章节会讲到，人力资源管理者的主要职责就是设计和实施一套制度体系来改善上述的这些要素。因此，一个有效的人力资源管理部门，会有助于创造一种能够激励从事服务型工作的员工积极工作的总体构架——工作生活质量。

（三）服务与员工甄选

从许多方面来说，有效的员工甄选活动是服务型企业所设置的第一道防线。比如，正像有人所强调的，“有不少人对于频繁的人际接触缺乏热情、缺乏耐心、缺乏社会技能，也缺乏起码的容忍度”。因此，防止出问题的第一步就是认真进行员工的甄选和测试选拔。然而，麻烦的是，服务型企业中的许多一线工作岗位都是薪资最低并且职业发展潜力相对较小的，这样，被雇用到这些最低层次工作岗位上的员工大多数工作经历比较简单，而这就使员工甄选活动更加复杂。因而，本书将阐述的员工甄选与测试技术对于服务型企业来说就非常重要。

（四）服务与员工培训

所受培训极差或完全未经培训的一线服务人员为了做好工作，往往不得不临时去找可能的应付办法，而这将有损服务效果。并且，由于许多服务型企业中的员工都是整天同顾客打交道，所以这些一线服务人员如果出了差错，主管人员往往不太容易觉察到，不像对办公室工作人员和生产线上人的监督那样方便。因此，本书中所阐述的培训与人力资源开发技术对于服务型企业来说也很重要。

（五）服务与绩效考评及反馈

由于一线服务人员大多不是处在容易被监督的那些传统工作岗位上，这就要求企业有一种能够对他们的工作绩效进行有效衡量和评价的办法。这样，在本书“工作绩效考评”中所阐述的工作绩效考评技术就显得十分重要。

第二章　旅游企业人力资源规划

第一节　概述

人力资源规划是人力资源开发与管理的重要组成部分。人力资源规划是企业为实施其发展战略、实现其目标而对人力资源需求进行预测，并为满足这些需求而进行系统安排的过程。旅游企业人力资源规划，是旅游企业发展战略及年度计划的重要组成部分，是人力资源管理各项工作的依据。制定人力资源规划的主要任务包括下述几个方面：预测旅游企业人力资源供求状况，制定供求平衡的措施；规定各项人力资源管理活动的具体目标、任务、步骤和预算；使各项人力资源管理业务计划保持平衡，并使人力资源规划与旅游企业的其他计划相互衔接。

一、人力资源规划的定义

人力资源规划是充分利用人力资源的一项重要措施，不少学者从不同角度提出了许多定义，例如：

（1）人力资源规划是将企业的目标转化为达成这些目标的人力需求。

（2）人力资源规划有点像驾驶船只，它要决定到达目的地的航道和速度，并需不断探求新读数并做出必需的调整以达到目的地。

（3）人力资源规划是有系统地预测企业未来的雇员需求。

（4）人力资源规划是确保企业未来的人力和技术需要得到满足。

(5) 人力资源规划是将企业目标和战略转化成人力的需求，通过人力资源管理体系的运作，有效达成量和质、长期和短期的人力供需平衡。

上述定义具有一个共通点，就是人力资源规划是一种战略性和长期性的活动，与企业的目标有着密切的关系。有价值的人力资源规划既具有内部一致性又具有外部一致性。内部一致性是指招募、甄选、配置、培训以及绩效考评等人力资源规划的设计应当是彼此配合的。外部一致性是指人力资源规划应当成为企业总体规划的一个组成部分，这是因为是否进入新的业务领域、是否降低现有业务活动水平等总体规划都有着深刻的劳动力含义，关系到招募、培训等人力资源管理活动。

旅游企业人力资源规划是指为使旅游企业在不断变化的环境中能够稳定地拥有一定质量和必要数量的人力资源，以实现该组织目标而拟定的一套措施，从而使人员需求量和人员拥有量在组织未来的发展过程中相互匹配。这个定义包含四层含义。

(1) 一个组织的环境是变化的，这种变化带来了组织对人力资源供需的动态变化。

(2) 从组织的目标和任务出发，要求旅游企业人力资源的质量、数量和结构符合特定的要求。

(3) 在实现组织目标的同时，也要满足个人的发展。

(4) 保证人力资源与未来组织发展各阶段的动态变化相适应。

人力资源规划需要一些要素的配合才能发挥其作用。首先，旅游企业必须有一个目标作为一切活动的基础，并通过这个目标，发展出一套目标体系和经营战略；其次，管理者要对外在劳动力市场（即整个劳动力供需状况）和内在劳动力市场（即旅游企业内部人力的搭配和结构）有充分的了解，才能有效地规划人力资源；第三，人力资源规划必须有高级管理层的支持与参与，以及企业文化的配合才能成功；最后，人力资源规划需要其他人力资源管理活动的配合，并在有效的内部人力资源信息支持下才能收到一定效果。

二、人力资源规划的作用

人力资源规划的作用是通过规划人力资源管理的各项活动，努力使员工需要与组织需要相吻合，形成高效率—高士气—高效率的良性循环，确保企业总体目标和战略的实现。

旅游企业属于劳动密集型的服务性行业，人在所有资源中起着重中之重的作用。因此，为了达到旅游企业的战略目标与战术目标，必须对人力资源在质量和数量上有所规划。旅游企业通过制定人力资源规划可以起到下列作用。

（一）在人力资源方面确保实现旅游企业的目标

人力资源规划的特点是全面考虑企业的经营战略与文化氛围，在实现企业总体目标的前提下，关注人力资源的引进、保留、提高和流出四个环节，因此能较好地促进目标的整合性，推动企业目标的达成。

（二）明确人力资源工作的内容

人力资源规划在广泛收集内外部信息的基础上，具体规定了人力资源管理需要做哪些工作和事项，可以消除人力资源管理的盲目性、无系统性与混乱性。通过人力资源规划，可以建立有效的内部劳动力市场，并务求使企业的成员能够人尽其才。人力资源规划作为各项人力资源管理活动的基础，是企业人力资源管理的一个蓝图，为这些活动提供了明确的发展方向和评价的依据。

（三）加强人力资源管理的事前控制

通过规划可以及早发现问题，对企业需要的人力资源作适当的储备，对紧缺的人力资源发出引进与培训的预警，使人力资源管理动静结合、有条不紊，并同时有计划地调整人力资源的分布结构。

（四）使管理者与员工对要达到的人力资源开发与管理目标更加清晰

通过制定人力资源规划，可以加强与员工的沟通与交流，使管理层与员工在参与中达成共识，形成良好的氛围，以更好地促进目标的完成。

（五）促进人才合理有效地流动

随着市场经济的发展和现代企业制度的建立，劳动力走向市场是必然的。一方面，建立稳定、有效的内部劳动力市场，不仅可以使旅游企业内部人力供给和运作维持适当的流动和稳定，还可以成功地将富余职工有计划地分离出来，逐步走出企业进入外部劳动力市场；另一方面，人力资源规划可以使人才进行合理流动，优化企业的人员结构，最大限度地实现人尽其才、才尽其用，为企业在竞争中充分发挥人才优势提供基础和保证。

三、人力资源规划的内容

旅游企业人力资源规划牵涉一连串的战略性决定，主要包括以下几点。

（一）预警式或反应式的规划

管理者要决定采取预警式的人力资源规划还是反应式的人力资源规划，即仔细预测未来的人力需要并有系统地实现、安排这些需要，还是在有需要时才作出反应行动。

（二）规划宽度

管理者要决定采取较狭窄的规划，还是较广泛的规划。一般来说，规划的内容可以集中在员工招募和甄选上，也可以包括员工招募、甄选、培训和发展、薪酬制度、人力资源管理信息系统、绩效考评及激励等多方面。

（三）正式和非正式规划

管理者要决定采取非正式的人力资源规划还是正式的人力资源规划。非正式的规划是由管理者在头脑中或口头上作构思；正式的规划则有文件和数据作支持。一个电脑化的人力资源管理信息系统，可以帮助旅游企业做出正式的人力资源规划。

（四）与企业的战略性规划方案的联系

人力资源规划方案可以和旅游企业的总体战略性规划方案松散地联合，也可以是完全地整合。事实上，人力资源规划作为人力资源管理活动的第一步，是旅游企业总体战略性规划和人力资源管理的主要桥梁。

（五）规划的灵活性

旅游企业通过规划可以减低不明朗的因素，人力资源规划就是其中的一环。人力资源规划可以是富有灵活性、能预测和应付多项变量的，也可以是因某个特殊情况而设计、应变能力较低的。人力资源规划的制定者首先要依赖旅游企业的目标，即人力资源规划的主要任务是为了与企业的整体战略相吻合；其次，人力资源规划要依赖工作分析和绩效考评。一份宽度较广、完整的人力资源规划应该涉及员工招募与甄选、培训与发展、绩效考评与报酬系统、员工保持与激励、劳动关系等人力资源开发与管理的各个方面。

由于企业内外部环境变化的加剧，目前人力资源规划的变化趋势有如下表现：企业正在使其人力资源规划更适于精炼而较短期的战略计划；企业的人力资源规划更注意关键性的环节，以确保人力资源规划的实用性和相关性；企业人力资源规划更注意特殊环节上的数据分析，更加明确地限定人力资源规划的范围；企业更重视将长期人力资源规划中的关键环节转化为一个一个的行动计划，包括年度策略计划，以便更有效地确定每个行动计划的要求和责任，并确定对其效果进行衡量的具体方法。西方国家企业的人力资源规划正在朝着短期、实用、灵活和更为追求效益的方面发展。

四、人力资源规划的程序

人力资源规划共分为七个步骤：确立目标、收集信息、预测人力资源需求、预测人力资源供给、综合平衡并制定人力资源规划、实施人力资源规划和收集反馈信息。

（一）确立目标

这是人力资源规划的第一步，主要根据旅游企业的总体目标来制定。旅游企业不同的产品组合、经营规模、特色、档位等都会对从业人员提出不同的要求。弄清企业的战略决策与经营目标，是人力资源规划的前提。

（二）收集信息

根据已确定的目标，应该广泛收集旅游企业内部和外部的各种有关信息。内部信息主要包括旅游企业经营战略、组织结构、组织文化、人力资源数量、分布、利用及潜力状况等。外部信息包括宏观经济发展趋势、旅游行业的发展前景、主要竞争对手的动向、劳动力市场的趋势、人口趋势、政府相关政策法规、风俗习惯演变等。

（三）预测人力资源需求与供给

这是人力资源规划中技术性较强的关键工作，全部人力资源开发、管理、计划都必须根据预测决定。需求预测根据旅游企业的组织结构状况和未来的经营业务水平，对企业的人力资源需求进行估算。供应预测首先对旅游企业现有人力资源使用情况进行分析，然后根据旅游企业内外部人力资源供应的情况，对旅游企业人力资源的供应进行估算。经过供需分析，便可确定旅游企业未来的人力剩余和短缺的情况。

（四）综合平衡并制定人力资源规划

这是人力资源规划中比较具体细致的工作。要求在人力资源预测的基础上，制定出具体的适合旅游企业发展的人力资源规划。人力资源规划与经营规划是同步的，也分为长、中、短期规划。

（五）实施人力资源规划

通过旅游企业各部门的共同合作，经过这一步骤才能实现原先确立的目标。

（六）收集反馈信息

对人力资源规划执行过程进行监督，分析、评价规划质量，找出不足，给予及时、适当的修正，以保证旅游企业总体目标的实现。在评价人力资源规划时，一定要公正、客观和准确，同时考虑成本一效益比。而且，要注意在评价时一定要征求部门经理和基层管理者的意见，因为他们是规划的直接受益者。

第二节　人力资源规划的分类与制定

一个有系统的人力资源规划过程一般包括下列步骤：人力资源需求预测、人力资源供给分析、平衡人力资源规划的综合平衡以及人力资源规划方案的制定。

一、人力资源需求预测

要制定一份既具有前瞻性，又具有实用性的人力资源规划，事前进行人力资源需求预测必不可少。人力资源需求预测是人力资源规划的重要组成部分，预测的内容包括要达到企业目标所需的员工数量和类别，方法可以从经验推断到运用精密的电脑分析。至于具体采取何种方法，要视人力资源规划者的专才、企业组织结构的复杂性、市场因素和外在环境的稳定性等情况而定。在预测时，要考虑一些重要因素，例如企业的目标和战略、生产力或效率的变化、工作设计或结构的改变等。

事实上，人力资源需求预测工作并非像表面看上去那样简单。很多时候，因为所要考虑的因素复杂多变，进行预测时不得不用代替法或者放弃部分的工作，因而所得出的结果往往是一种估计，而不是绝对正确的结果。正因为如此，人力资源需求预测不仅是一门科学，更是一门艺术。企业必须考虑管理者的技能、预测时间的范围、资料数量和类型、方法的假定、费用、精确度和容易使用等因素，企业须就其本身的情况选取较适合的方法。

人力资源需求预测方法很多，主要包括质量的方法和数量的方法。

二、人力资源供给分析

旅游企业是国民经济的微观经济组织，其人力资源要素的数量供给，全部取之于社会，来源于社会人力资源。企业人力资源的质量供给的主要部分，也来源于社会人力资源，这是伴随着数量供给而发生的，另有部分质量供给则来源于企业对自己人力资源的开发。因此可以说，社会人力资源的数量与质量，是企业人力资源的供给源。

对于运营中的旅游企业，预测了人力资源需求后，就要决定这些需求是否有供给及要在何时何地获得供给。在进行人力资源供给分析时，管理者必须考虑内在劳动力市场和外在劳动力市场两项因素。一般来讲，管理者会先分析已有的劳动力供给，倘若内在市场没有足够的供给，就需分析外在劳动力市场；也有些时候，管理者会因为希望改变企业文化或需要引进某些专业人才而决定向外招募。因此，人力资源供给预测首先从内部开始，弄清计划期内现有人力资源能够满足企业经营战略目标的需要到什么程度，这就需要考虑计划期内人员的流动及适应未来工作的能力状况。

三、人力资源规划的综合平衡

分析过人力资源需求预测和人力资源供给预测之后，旅游企业便可着手制定一连串相互整合的人力资源规划方案，以平衡人力资源供给与需求。

（一）组织需要和个人需要的平衡

人力资源管理所面临的组织需要和个人需要之间的矛盾，主要表现在旅游企业增强组织功能、提高组织效率的目标和个人满足精神与物质需求的目标不一致，这就要求在计划阶段采取相应的措施。

（二）人力供给与人力需求的平衡

人力供给与人力需求可能出现如下的不平衡：人力不足；人力过剩；两者间而有之的结构性失调，即某些类别人力不足，某些类别人力过剩。出现结构性失调的原因主要是存在所谓人力资源的需求刚性与供给刚性。人力资源的需求刚性及供给刚性就是管理人员对人力资源需求和供给的影响的有限性。例如，旅游企业为了适应竞争，必须加速办公自动化和人员高素质化，而现有人员又难以适应，从外部迅速补充也有一定难度，这时表现出明显的需求、供给刚性。

例如，有人员短缺时，首先应当考虑在企业内部调剂，因为这样做的风险小、成本低，从内部提拔还可以使员工有升职预期；其次，可考虑外部补充、调整提升政策、进行培训和开发、改变配置方案（职务轮换）、任务转包（改变企事业规划），以及改变人员需求（加速自动化）等措施。在人员过多时，主要应利用多种渠道妥善安置，例如可组织专业培训、缩短工作时间、遣散临时用工、对外承包劳务等。

要解决人力资源供求不平衡的问题，可以有不同的做法。学者杜宁顿和贺雷认为，当求过于供时，企业可以考虑下列做法：

（1）改变员工使用率（例如训练、团队运用等）以改变人力资源需求。

（2）使用不同类型的员工去完成企业的目标，例如聘用少数熟练员工或聘请技巧不足的员工，并立即予以训练。

（3）改变企业目标，使之更切合实际，因企业目标需要足够的现有和未来人力资源去实现。

当内在劳动力市场供过于求时，企业可以考虑以下做法：

（1）计算不同时段出现人力过剩问题的成本。

（2）考虑不同的减员方法和减员成本。

（3）改变员工使用率，计算出重新训练、重新调配的成本。

（4）改变企业目标的可能性，例如企业是否可以开发新市场或进行业务多元化的尝试。

（三）人力资源规划中各项专业计划之间的平衡

人力资源规划所涉及的人员补充、培训、安置、使用、晋升、薪资等方面是具有内在联系的，因此在制订各项专业计划时应注意相互之间的平衡与协调。例如人员培训、人员使用以及与激励有关的劳动报酬计划必须相互协调，若人员通过培训提高了素质，在使用及报酬方面却无相应政策，就容易挫伤员工接受培训的积极性。另外，还要搞好每一项专业计划的配套平衡。人力资源开发的总目标是通过执行各项具体计划实现的，因此应当将总目标分解为各项专业计划的分目标，为保证专业计划目标的实现，又必须制定相应的政策并规定具体的措施及步骤，使计划具有可操作性。

四、人力资源规划方案的制定

（一）人力资源政策的制定

人力资源规划中一项重要的内容是人力资源政策。企业的人力资源政策是根据不同情景而灵活制定的，情景主要有两种：人力资源短缺和人力资源富余。

1. 人力资源短缺时的政策制定

当企业人力资源短缺时，应该制定以下政策来弥补人力资源的不足：

（1）把内部一些富余人员安排到一些人员短缺的岗位上去；

（2）培训一些内部员工，使他们能胜任人员短缺但又很重要的岗位；

（3）鼓励员工加班；

（4）提高员工的工作效率；

（5）聘用一些兼职人员；

（6）聘用一些临时的全职员工；

（7）聘用一些正式的员工；

（8）把一部分工作转包给其他公司；

（9）减少工作量；

（10）添置新设备，用设备来弥补人员的短缺。

以上的政策，其中（1）、（2）、（3）、（4）是内部挖掘潜力，虽然也要增加一些成本，例如增加工资、奖金、福利等，但相对代价较低，有利于企业的长远发展，是企业首选的政策。

其中的（8）、（9）、（10）属于较消极的政策，不仅代价大，而且不利于企业的发展，不到万不得已，决不轻易使用。

其中的（5）、（6）、（7）属于中策，当内部挖掘潜力已相当充分时，不妨运用一下，但也要谨慎。

2．人力资源富余时的政策制定

当企业人力资源富余时，应当制定以下政策来克服人力资源的多余：

（1）扩大有效业务量；

（2）培训员工；

（3）提前退休；

（4）降低工资；

（5）减少福利；

（6）鼓励员工辞职；

（7）减少每个人的工作时间；

（8）临时下岗；

（9）辞退员工。

以上的政策，其中（1）、（2）是相当积极的，但许多企业不一定能做到，这是对企业家的一种挑战，可以把人员富余的危机当作一次企业发展的机会。

其中的（9）是十分消极的，但在关键时刻也不得不用，因为这种“舍卒保车”的措施毕竟可以使企业渡过难关，利于以后发展。

其中的（3）、（4）、（5）、（6）、（7）、（8）均属于中策，在企业中运用最多，也较易起作用。

（二）制定人力资源规划

在确立目标、收集信息、预测人力资源需求和预测人力资源供给的基础上，可以开始制定人力资源规划了。

旅游企业人力资源规划包括两个层次，即总体规划与各项业务计划。人力资源的总体规划是有关计划期内人力资源开发利用的总目标、总政策、实施步骤及总的预算安排。人力资源所属业务计划包括人员招聘计划、使用计划、提升计划、培训计划、薪酬计划、劳动关系计划等等。这些业务计划是总体规划的展开和具体化。每个企业的业务计划各不相同，但典型的业务计划至少应包括以下几个方面：计划的时间段、目标、情景分析、具体内容、制定者和制定时间。

(1) 计划的时间段。具体写出从何时开始、至何时结束，若是一份战略性的人力资源计划，可以至三年以上；若是一份年度人力资源计划，则以一年为限。

(2) 计划达成的目标。在这里要遵循三个原则：①与旅游企业的目标紧密联系，因为人力资源计划是一种局部性计划，它一定要为企业的目标服务；②具体，不应泛泛而谈，最好有具体数据；③简明扼要。

(3) 目前情景分析。主要在收集信息的基础上，分析企业目前人力资源的供需状况，指出制定该计划的依据。

(4) 未来情景分析。主要在收集信息的基础上，在计划的时间段内，预测企业未来的人力资源供需状况，进一步指出制订该计划的依据。

(5) 具体内容。这是人力资源计划的核心，涉及到的方面很多。例如工作分析的启动、新的员工绩效考评系统、改进后的报酬系统、计划中的培训工作、招聘方案，等等。每一方案都包括以下几项内容：具体内容、执行时间、负责人、检查人、检查日期和预算。

(6) 计划制订者。计划制订者可以是一个人（例如：人力资源部经理李小民先生），也可以是一个群体（例如：董事会），也可以包含个体与群体。

(7) 计划制订时间。主要指该计划正式确定的日期。

五、人力资源规划的实施与控制

实施与控制人力资源规划是最后的十分重要的一环。如果前面的计划制订得十分理想，但是在执行过程中出了问题，就将前功尽弃。

实施与控制人力资源规划主要包括四个步骤：执行、检查、反馈、修正。

(一) 执行

执行是最重要的步骤，在执行过程中要注意以下几点：

(1) 按计划执行。

(2) 在执行前要做好准备工作。

(3) 执行时应全力以赴。

(二) 检查

检查是不可缺少的步骤，否则可能会出现使执行流于形式，使执行缺少必要的压力，不能掌握第一手信息等问题。

检查者最好是实施者的上级，至少是平级，切忌是实施者本人或实施者下级。

检查前，检查者要列出检查提纲，明确检查目的与检查内容。检查时要根据提纲逐条检查，千万不要随心所欲或敷衍了事。检查后，检查者要及时、真实地向实施者沟通检查结果，以利于激励实施者，使之以后更好地实施项目。

(三) 反馈

反馈是执行人力资源规划各环节的一个重要步骤。提供反馈，我们可以知道原来计划中的哪些内容是正确的，哪些是错误的，哪些不够全面，哪些比较符合实际情况，哪些需要加强，哪些需要引起注意等重要的信息。

反馈中最重要的一点是保持信息的真实性。由于环境和个体的不同，有许多信息不一定真实，因此去伪存真显得格外重要。

反馈可以由实施者进行，也可以由检查者进行，或者由两者共同进行。

(四) 修正

修正是最后一个步骤，谁也不能保证人力资源规划一经制定就完全正确。因此，根据环境的变化，根据实际情况的需要，根据实施中的反馈信息，及时修正原计划中的一些项目显得十分必要。

一般来说，修正一些小的项目，或修正一些项目中的局部内容，涉及面不会很大。但如果要修正一些大的项目，或要对原规划中的许多项目进行修正，或要对预算作较大的修正，往往需经过最高管理层的批准。

第三章 旅游企业工作分析

第一节 概述

工作分析起源于泰勒的时间研究。被西方称为“科学管理之父”的泰勒，为了提高工作效率，从1895年开始进行时间与动作研究。其后，泰勒的朋友吉尔布雷思夫妇（Frank and Lilliam Gilbreth）也进行了操作动作的研究。到了第一次世界大战期间，美国参加欧战时设立了军队人事分类委员会（Army Committee Classification of Personnel），实施工作分析。从此，“工作分析”一词便开始使用。

旅游企业人力资源开发工作的一个重要方面是使人与工作之间实现最佳匹配，从而做到人适其职、职得其人、人尽其才、才尽其用。要达到这一目的，就要了解各种工作的特点以及能胜任各种工作的人员特点，这就是工作分析的主要内容。在推行企业科学化人力资源管理的过程中，工作分析不容忽视。

一、工作分析的定义

工作分析也称职务分析，是指通过观察和研究，掌握职务的固有性质和组织内职务之间的相互关系，以确定该职务的工作任务和性质，以及工作人员在履行职务上应具有的技术、知识、能力和责任。简言之，工作分析就是确定该项职务的成分和胜任该职务的条件。

旅游企业在组织体制确定之后与实施人事措施之前，必须对每种工作的工作说明和所需的特殊心理品质及特殊能力加以分析研究，并作书面记载，作为人力资源开发与管理的依据。所以，工作分析也就是对某一工作的内容及有关因素做全面的、系统的、有组织的描写或记载。为了达到这一目标，企业可以利用工作分析公式（The Job Analysis Formula）中确定的七项要素，即：①工作主体（Who）；②工作内容（What）；③工作时间（When）；④工作环境（Where）；⑤工作方式（How）；⑥工作原因（Why）；⑦工作关系（for Whom）。

二、工作分析的作用

工作分析对旅游企业有效地进行人力资源开发有重要作用。

（一）为制定有效的人力资源规划提供科学依据

每一个部门的工作职务安排和人员配备，都必须有一个合理的计划，并根据发展趋势做出人事预测。工作分析的结果，可以为有效的人力资源规划提供可靠的依据。企业有多少工作岗位，这些岗位目前的人员配备能否达到要求，今后一年或几年内职务和任务将发生哪些变化，人员结构应作哪些相应的调整，人员增减的趋势如何，后备人员的素质应达到什么水平等问题，都可以根据工作分析的结果做出适当的处理和安排。

（二）为选拔和任用合格的人员提供客观标准

旅游企业在选拔和任用人员时，除考虑人员的身体条件之外，还需要考虑人员的年龄、性别、受教育程度、经历、兴趣、人格品质等方面的条件。通过工作分析，能够掌握工作任务的静态与动态特点，提出有关人员的心理、生理、技能、文化和思想等方面的要求，在此基础上，确定选人用人的标准。同时员工也可以按不同的职位要求找到自己合适的位置，扬长避短，发挥最大才能。

（三）为设计人员培训与开发方案提供依据

人力资源管理是对人力加以系统化的组织，其目的是实现人与工作的最佳匹配。要达到这一目的，可以通过科学的人员选拔与任用，尽可能为各种岗位配备适合的人员。然而在实践中，一方面很难使所选用的人在知识、能力、技能、个性特征方面完全达到工作的要求；另一方面，随着旅游企业的发展，工作会发生变化。所以，旅游企业需要对人员进行培训。通过工作分析，我们可以明确从事各项工作所应具备的技能、知识和各种心理条件。因此，依照工作分析的结果，我们可以根据实际工作要求和受训人员的不同情况，有区别、有针对性地设计和制定培训方案。

（四）提供考评标准并有效地激励员工

工作分析可以为绩效考评提供标准。工作分析明确了各项工作的权、责、利，工作说明是考评的依据，它使考评工作更加合理、准确和客观，从而使建立在考评基础上的激励系统能够更加有效、公平地运作。利用工作分析在培训、职业开发、工资、奖金、人际关系、员工咨询等方面提供的建设性意见，可以全方位地有效激励员工，充分调动员工的积极性。

（五）提高工作效率

工作分析还能够提高工作效率。一方面，由于有明确的工作任务要求，使工作职责分明，目标清楚；另一方面，工作分析找到了最佳的工作程序和操作方法，明确了关键的工作环节和工作要领，使员工更合理地运用技能，分配注意和记忆等心理资源，增强他们的工作满意感，提高工作效率。

三、工作分析的程序

旅游企业工作分析是一个细致而全面的评价过程，这个过程可以分为四个阶段：准备阶段、调查阶段、分析阶段和总结阶段。这四个阶段相互联系、相互影响，如图 3-1 所示。

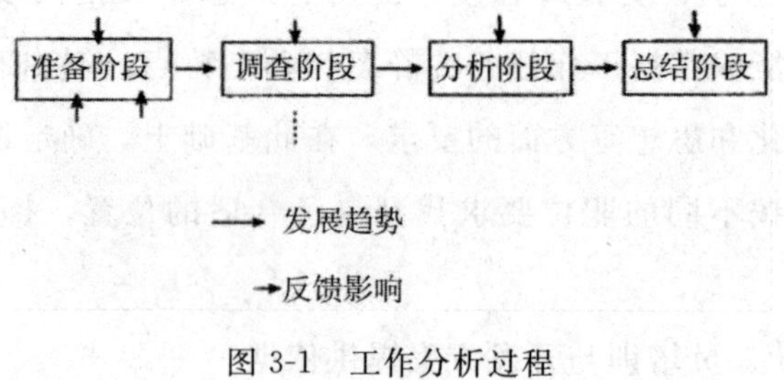

图 3-1　工作分析过程

（一）准备阶段

准备阶段是工作分析的第一阶段，具体工作如下。

(1) 明确工作分析所获得的信息将用于何种目的。因为工作分析所获得信息的用途直接决定了需要搜集何种类型的信息，以及使用何种技术来搜集这些信息。

（2）对所分析的工作职务类型、基础资料和工作环境等情况进行初步了解。可以先对能够得到的与工作有关的背景信息做一个大致了解，如组织结构图、工作流程图和工作说明书等。

（3）确定工作分析的方法和步骤。

（4）向工作分析的相关人员宣传、解释。

（5）同与工作分析有关的工作人员建立良好的人际关系，并使他们做好心理准备。

（6）以精简、高效为原则组成工作小组。

（7）根据人员、设备和工作任务等方面的代表性确定调查和分析对象的样本。

（8）把各项工作分解成若干工作要素和环节，确定职务的基本维度。

（二）调查阶段

调查阶段的主要任务是对整个工作过程、工作环境、工作内容和工作人员等主要方面作一个全面的调查，具体工作如下。

（1）编制各种调查问卷和提纲，使调查工作有针对性。

（2）灵活运用访谈、问卷、观察、关键事件法等各种调查方法。

（3）广泛深入地收集有关工作职务特征以及要求的数据资料，尤其应注重人员特征和工作特征方面的情况。

（4）要求被调查的管理人员、员工对各种工作特征的重要性和发生频次评出等级。

（三）分析阶段与总结阶段

分析阶段中十分重要的一环是对有关工作性质、人员特征的调查结果进行深入分析。工作分析并不是简单机械地收集和积累某些工作标准信息，它包含的具体工作如下。

（1）仔细审核已经收集到的各种信息。

（2）创造性地分析、发现有关工作和工作人员的关键成分。

（3）归纳、总结出工作分析的必需材料和要素。

在分析的基础上，提出工作分析报告。总结阶段的任务主要是根据搜集到的信息编制工作说明与岗位规范。

第二节　工作分析的方法和流程

一、工作分析要素

前面提到的“7W”工作分析公式中的七要素，适用于旅游企业中任何职务的分析。

（一）工作主体（Who）

从事某项工作的人必须具备一定的知识、技能、能力、兴趣、体格、行为特点等心理及生理条件，因此工作分析中制定的岗位规范描述了与工作相匹配的重要的个体特征，以此作为人员筛选、任用和调配的基础。

（二）工作内容（What）

工作分析应具体列述员工所做的工作内容。包括所要完成的工作任务、工作职责、工作流程等，每件工作都要用一个动词加以描述。描述体力工作常用的动词有搬运、清洗、整理、运送等，描述智力工作常用的动词有计划、分析、检讨等。当然，有些工作需要心智与体力的结合才能顺利完成，如销售、作业、购买、修理等。

（三）工作时间（When）

工作时间是指完成工作的具体时间。如上班时间、是否倒班以及如何倒班等。

（四）工作环境（Where）

工作环境是指工作的物理环境和社会环境。物理环境包括正常的温度、适当的光照度、通风设备、安全措施、建筑条件以及工作的地理位置。社会环境依赖于工作职位与部门，主要包括工作团体的情况、社会心理气氛、同事相互关系及部门之间的关系等。

（五）工作方式（How）

工作分析应根据工作任务的内容与性质要求明确完成工作所需的资料、

机器设备、材料，确定员工完成工作活动的方法与程序。

（六）工作原因（Why）

工作原因主要是想说明工作性质和重要性，它为如何完成工作提供证据。

（七）工作关系（for Whom）

工作关系是确定该项工作的隶属关系，明确工作内容之间的联系和工作中与其他人员的联系。员工一方面要为本职务所面向的对象，也就是顾客服务，这里讲的顾客是指广义的顾客，包括企业内的员工和企业外的客人；另一方面要明确上下级关系，对上级负责。

二、工作说明与岗位规范

工作分析主要有两种形式：工作说明和岗位规范。

（一）工作说明

工作说明是对旅游企业中某一特定工作作出的明确规定，对工作范围、任务、责任、技能、工作环境以及职业条件的详细描述。

1. 工作说明的主要内容

（1）职位名称。指旅游企业对一定的工作活动所规定的职位名称或职位代号，以便于对各种工作进行识别、登记、分类以及确定企业内外的各种工作关系。

（2）工作活动和工作程序。包括所要完成的工作任务、工作职责、使用的资料、机器设备与材料、工作流程、与其他人的工作关系、接受监督以及进行监督的性质和内容。

（3）工作条件和物理环境。包括工作地点的温度、光线、湿度、噪音、通风设施以及工作位置和地理环境等。

（4）社会环境。包括工作群体的情况、同事的特征及相互关系、社会心理氛围、各部门之间的关系以及工作点内外的文化设施、社会习俗等。

（5）职业条件。包括工作时间、工作季节性、工资结构、支付工资的方法、福利待遇、晋升机会、进修机会、该工作在企业中的正式位置与地位等。

2. 工作说明的功能

旅游企业各部门对员工的要求与期望可以口头传达，也可以书面提出。

实践证明，口头说明往往在员工的大脑中留存时间较短并且易于发生误解，而书面说明则利于员工思考，加深理解，延长留存时间。因此，旅游企业应制定各项工作的工作说明书，并交给每一位员工。明确清晰的工作说明书会大大减少日后员工对工作的误解，提高工作效率，减少员工外流并消除不满情绪。

工作说明的主要功能如下：

(1) 利于员工迅速而全面地了解工作的大致情况，有助于新员工尽快适应工作；

(2) 建立明确的工作标准与工作程序；

(3) 阐明工作任务、职责与职权，利于组织运行；

(4) 有助于员工的招募与甄选；

(5) 为员工绩效考评提供依据；

(6) 有助于确定员工培训与发展方向。

3. 编写工作说明的基本要求与注意事项

(1) 工作说明描述的着眼点是工作，而不是工作中的人。

(2) 描述要具体，尽量减少抽象术语的使用。例如，在对饭店前台接待员提出计算要求时，不应说："需要较高的教育程度，数学好，有很好的准确度。"而最好叙述为必须懂得加、减、乘、除，能够准确快捷地找付。

(3) 避免将工作描述得过于详细。像"时间与动作研究"那样记录工作内容对于编写工作说明书是完全没有必要的。

(4) 句子要简洁扼要。尽管各项工作说明的内容有所差异，但其长度应有所限制。

(5) 技术性术语的使用要附加解释。

4. 工作说明书举例

为了便于深入理解工作说明书的含义，以便更好地编写各项工作的工作说明书，下面列举饭店中两项不同职位的工作说明书。第一篇工作说明书采用标准、完整的格式，涵盖工作说明的各个方面，第二篇则是以职责为主的简单形式。

××饭店销售部经理工作说明书

职位名称：销售部经理　　　　　　　　　　　　职位代号：1065—226

部门：销售部

隶属：饭店总经理

工作活动和工作程序

通过对下级的管理与监督，实施饭店销售工作的计划、组织、指导和控制，全面指导销售部的各项活动。

(1) 整理和保存常住顾客与VIP的销售档案资料，并与VIP保持联系；

(2) 与总经理和其他部门一起，实施有助于销售的计划，如员工培训指导计划等，提高业绩水平；

(3) 审查市场方向与主要竞争对手活动资料，确定顾客需求、潜在消费量、价格一览表、折扣率与竞争活动；

(4) 负责与旅行社、社团签订未来使用饭店产品及服务的合同；

(5) 列席每周部门经理会议，报告一周来的销售活动及下周的销售计划，并主持本部门会议；

(6) 就全面的销售事务向总经理做出报告；

(7) 制作每周已确定的预定业务项目报表；

(8) 制作每周销售费用报表，并附加必要说明；

(9) 负责与餐饮部、前台、客房等部门合作，保持业务信息的准确完整；

(10) 负责答复有关销售方面的问询与其他相关工作。

工作条件和物理环境

75％以上时间在室内工作，一般不受气候影响，但可能受气温影响；湿度适中；无严重噪声；无个人生命或严重受伤危险；有外出要求，一年中有10％～20％的工作日出差在外；工作地点：本市。

社会环境

有一名副手，销售部工作人员有6人；需要经常交往的部门是前台部、餐饮部、财务部；可以参加企业家俱乐部、员工乐园等各项活动。

职业条件

每周工作40小时，固定假日放假；基本工资每月1200元；职位津贴每月80元。

××饭店西餐厨师长工作说明书

职位名称：西餐厨师长　　　　　　职位代号：1137—118

部门：餐饮部

隶属：餐饮部经理

管理

(1) 人员：包括厨房杂工在内的所有西餐员工；

(2) 设备：厨房中所有固定与可动的设备和烹饪用具。

主要职责：计划、组织与监督饭店内西式食品的制作，包括如下。

(1) 成本核算；

(2) 编制菜单；

(3) 负责食品原料、厨房设备的采购与预算；

(4) 负责食品制作的分量与损耗控制；

(5) 控制劳动力的支出；

(6) 安排员工的班次；

(7) 负责新员工培训；

(8) 保持清洁卫生，保证食品操作和厨房达到卫生标准；

(9) 负责厨房的消防工作；

(10) 保证所有西餐厨房物料、设备、用具的安全保管。

横向联系：餐厅主管、前台主管和客房部主管。

(二) 岗位规范

为了更加利于员工工作的顺利进行，在实际工作中需要比工作说明书更加详细的文字说明，规定执行一项工作的各项任务、程序以及在执行过程中所需的确切技能和知识。为此，旅游企业可在工作分析的基础上，单独设立岗位规范书或者将此项内容包括在工作手册、工作指南之中。

岗位规范是指完成某项工作所需技能、品格等生理要求和心理要求，以及对工作程序、任务的具体说明。它是工作分析结果的一个组成部分。下面以餐厅服务员为例说明岗位规范的具体形式与内容。

××饭店餐厅服务员岗位规范摘要

职位名称：餐厅服务员

部门：餐饮部

职责：

(1) 布置餐厅和餐桌，做好开餐前的准备工作；

(2) 迎接客人，安排就座，介绍菜肴；

(3) 落单、分酒、看台服务；

(4) 清理餐桌，做好餐厅清洁卫生工作；

(5) 整理和补充餐具。

业务知识：

(1) 餐厅摆台知识；

(2) 餐厅上菜程序、看台知识及酒水知识；

(3) 涉外风俗礼仪、服务心理以及营养卫生知识。

技能要求：

(1) 具有独立完成餐厅服务操作程序的能力；

(2) 动作敏捷，反应灵活，准确自然，善于领会客人的心理，满足客人的需求；

(3) 口齿清楚、语言得体；

(4) 有一定外语功底，尤其应熟悉掌握餐饮英语；

(5) 处事应变能力强。

社交技巧：

(1) 帮助客人点菜，扩大菜品销售；

(2) 帮助客人点酒，推销酒水；

(3) 与客人维持良好的关系；

(4) 良好处理客人投诉。

三、工作分析的方法

要想得到一份系统、完善的工作分析资料，必须对这项工作进行实际的调查研究，收集到有关该工作足够的信息。搜集工作分析信息的工作通常由人力资源管理专家、组织的主管人员和普通员工共同努力和合作来完成。

收集信息的方法有很多种，下面介绍几种主要的方法。

(一) 问卷法

问卷法是利用已编制的问卷，让有关人员以书面形式回答相关职务问题，从而获取与工作相关信息的快速而有效的调查方法。通常，问卷的内容是由工作分析人员编制设计的问题或陈述，这些问题和陈述涉及具体的行为和心理素质，要求被调查者根据这些行为和心理素质对他们工作的重要性以及在工作中出现的频次按给定的方法作答。

问卷法按照适用范围可以分为两种：一般工作分析问卷法和指定工作分析问卷法。

1. 一般工作分析问卷法

这种方法适合于旅游企业的各种工作，问卷内容具有普遍性。

2. 指定工作分析问卷法

这种方法适合于旅游企业中某一种指定的工作，比较强调工作本身的条件和结果，问卷具有特殊性，一张问卷只适合一种工作。

问卷法的最大优点是比较规范化、数量化，适于用计算机对结果进行统计分析，并且节省人力与时间。但它的设计比较费工，也不像访谈那样可以双向交流进行沟通，因此，不易了解被调查对象的态度和动机等较深层次的信息。此外，问卷不易引起被调查对象的兴趣，加之被调查对象对该项工作的认真程度不同，文字表达能力也有所差异，所填内容与实际工作往往有一定差距，因此，还需要用其他方法来补充。

(二) 访谈法

访谈法是与担任有关工作职务的人员一起讨论工作的特点和要求，以取得有关信息的调查研究方法。在工作分析时，可以先查阅和整理有关工作职责的现有资料。在大致了解职务情况的基础上再进行访谈。访谈法主要有三种。

（1）对每个员工进行个人访谈。

（2）对做同种工作的员工群体进行的群体访谈。

（3）对完全了解被分析工作的主管人员进行的主管人员访谈。群体访谈通常用于大量员工做相同或相近工作的情况，可以以一种快且低成本的方式了解到工作的内容和职责等方面的情况。在进行群体访谈时，应注意遵循的一条基本原则是这些工作承担者的上级主管人员应该在场。如果他们当时不在场，事后也应该单独和这些主管人员谈一谈，听取他们对被分析工作中所包含的任务和职责所持的看法。

访谈法应注意几个问题。

1. 访谈时要设法得到被访问者的充分合作

被访问的对象往往有所猜疑。为此，工作分析者必须受过面谈技巧训练，他必须能与被访谈者建立和谐的关系，他还必须能极简要地向被访谈者说明访谈的目的，使他们确信访谈并不是为了了解他们的工作能力，从而消除其抗拒心理和防御行为。

2. 准备调查提纲

为了保证访谈取得成效，访谈中要问的问题应事先拟好，并准备一份调查提纲，这样才能有的放矢，获得有效的信息。

3. 访谈时要注意修正偏差

有时被访谈者会有意无意地歪曲其职务情况。比如，把一件容易的工作说得很难或把一件很难的工作说得比较容易，这就需要通过和多个同职者访谈，将所搜集的资料进行对比来加以校正。

（三）观察法

观察法是指在工作现场运用感觉器官或其他工具，通过观察员工的实际工作行为，并用文字或图表形式进行记录来收集工作信息的一种方法。

在应用问卷法、访谈法等工作分析方法时，存在一个较大的问题，即有经验的员工并不总是很了解自己完成工作的方式。许多工作行为已经成为习惯，员工并未意识到工作程序的细节。因此，采用观察法对员工的工作过程进行观察，记录工作行为的各方面特点，可以从一定程度上克服这个问题。

使用观察法应注意一些事项。

（1）观察的工作应相对静止，即在一段时间内，工作内容、工作程序、对工作人员的要求不会发生明显的变化。

（2）要注意工作分析行为样本的代表 k，有时候，有些行为在观察过程中可能未表现出来。

（3）不适用以智力活动为主的工作，例如管理工作，因为管理工作不是靠单纯的动作所能观察出来的，其中还包括计划、方案的制定等我们无法直接观察到的思维活动。

（4）观察多个在职者的工作以纠正对单个在职人员观察可能造成的偏差，同时要注意在不同的时间对他们进行观察，因为必须把诸如疲劳等因素考虑进去。

（5）观察前要有详细的观察提纲和行动标准。

观察法也存在一些潜在问题。首先存在的一个问题是，被观察的员工无论是否被观察，工作行为表现一致才能保证观察方法的有效性。但是，在多数情况下，员工的表现并不一致。例如，有些员工喜欢炫耀，在被观察的情况下有出色的表现；而一些人会异常紧张。另外，大多数被观察者认为，被观察时的行为表现与工资的评定有一定的关系，从而尽力而为。这些现象都会影响到主管人员对真实情况的掌握。

观察法的第二个问题是工作量大，所耗人力、物力过多，时间过长。即使对企业各部门有代表性的工作进行观察，往往也需要近一年时间。

（四）工作日记法

这种方法是让员工用工作日记的方式记录每天的工作活动，作为工作分析的资料。这种方法要求员工在一段时间内对自己的全部工作进行系统记录。如果这种记录记得很详细，那么经常会揭示一些其他方法无法获得或观察不到的细节。当然，员工可能会夸大某些活动，同时也会对某些活动低调处理。因此，这种方法同样需要员工的认真合作。

（五）工作参与法

这种方法是由工作分析人员亲自参加工作活动，体验工作的整个过程，从中获得工作分析的资料。要想对某一工作有一个深刻的了解，最好的方法就是亲自去实践，通过实践，可以细致、深入地体验、了解和分析某种工作所需的各种心理品质和行为模型。所以，从获得工作分析资料的质量方面而言，这种方法比前几种方法效果好。但由于它要求工作分析人员具备从事某项工作的技能和知识，因而有一定局限性。即使有些工作分析人员能够参与一部分工作，也很难像熟练员工那样完成所有工作职责。因此，这种亲自实践法需要分析人员多才多艺，在企业各项服务工作中都拥有丰富的经验。

（六）关键事件法

关键事件法是请管理人员和工作人员通过回忆，报告对他们的工作绩效来说比较关键的工作特征和事件，从而获得工作分析资料。

一般来说，工作分析的方法可以分为职务定向方法和行为定向方法。前者相对静态地描述和分析职务的特征，收集各种有关工作描述的材料。后者集中于与工作要求相适应的工作行为，属于相对动态的分析。关键事件法就是一种常用的行为定向方法。这种方法要求管理人员、员工以及其他熟悉工作职务的人员记录工作行为中的关键事件——使工作成功或失败的行为特征或事件。

关键事件记录包括几个方面：

（1）导致事件发生的原因和背景；

（2）员工的特别有效或多余的行为；

（3）关键行为的后果；

（4）员工自己能否支配或控制上述后果。

在收集大量事件以后，可以对它们做出分析，并总结出职务的关键特征和行为要求。关键事件法既能获得有关职务的静态信息，也可以了解职务的动态特点。

总之，以上各种方法各有优缺点，就某项工作来说，究竟用何种方法为佳，主要应考虑获得完整资料的需要及所付出的代价两方面因素。

为了搜集到更加完整、准确的工作资料，高效率完成工作分析任务，旅游企业通常也会综合采用几种方法，但都应注意一点，即工作分析的实施需要得到各个部门管理人员的密切配合。在实施之前首先应召集各部门经理开会，将工作分析的资料发放到基层，使上至经理下至基层都给予充分的了解与支持。

第四章 旅游企业员工招聘与甄选

第一节 基本理论

一、招聘与甄选的重要性

（一）组织获得人力资源的基本途径，关系到企业的生存与发展

招聘和甄选活动是组织获得人力资源的基本途径，关系到企业的生存与发展。组织的人力资源状况处于不断变化之中。组织内人力资源向社会的流动、组织内部的人员变动（如升职、降职、解雇、辞职、退休、死亡等）导致了组织人员的变动。同时组织有自身的发展目标和规划，组织的发展过程也是人力资源拥有量的扩张过程。上述情况意味着组织的人力资源状况总是处于稀缺状态的，需要经常补充员工。因此，通过市场获得所需的人力资源成为组织的一项经常性任务，人员招聘和甄选成了组织补充人力资源的基本途径。

（二）确保员工的优良素质和较低的人员流动率

招聘和甄选工作是人力资源系统的输入环节，其质量的高低直接影响着企业人才输入和引进的质量。有效的招聘和甄选将使企业获得胜任工作并对所从事的工作感到满意的人才，从而减少企业的人员流动。否则，会使企业中存在大量不称职的员工或产生较高的人员流动率，使企业遭受巨大损失。

（三）有助于创造组织的竞争优势

现代的市场竞争归根到底是人才的竞争，一个组织拥有什么样的员工，

在一定程度上决定了其在激烈的市场竞争中处于何种地位——是立于不败之地，还是面临被淘汰的命运。人才的获得是通过招聘环节来实现的，因此，招聘和甄选工作能否有效地完成，对提高组织的竞争力、绩效及实现其发展目标均有至关重要的影响。从这个角度来说，人员招聘和甄选是组织创造竞争优势的基础环节。对于获取某些实现组织发展目标急需的紧缺人才来说，人员招聘和甄选更是有着特殊的意义。

（四）有助于企业形象的传播

许多经验表明，人员招聘和甄选的过程既是吸引、招募人才的过程，又是向外界宣传组织形象、扩大组织影响力和知名度的一个窗口。应聘者可以通过招聘和甄选过程了解该企业的组织结构、经营理念、管理特色、企业文化等。尽管人员招聘和甄选不是以传播企业形象为目的，但是招聘和甄选过程客观上具有这样的功能，是组织不容忽视的一个方面。

（五）有利于人力资源的合理流动，提高人力资源潜能的发挥

企业的人员流动受到多种因素的影响。一个有效的招聘和甄选系统，能促进员工通过合理流动，找到适合岗位，职能匹配、群体相容，并调动人的积极性、主动性和创造性，使员工的潜能得以充分发挥，人员得以优化配置。例如招聘和甄选过程中信息的真实与否，会影响应聘者进入企业以后的流动。如果向外部传递的信息不真实，只展现企业好的一方，隐瞒差的一面，员工入职后将会产生对企业的不信任或失落感，从而降低工作热情，最终可能导致人员的高流动性。反之，如能精心准备，坦诚相对，就会有助于降低人员的流动。

二、招聘与甄选的相关理论

（一）招聘与甄选的含义、目标

招聘是指为了实现企业目标和完成任务，由人力资源管理部门和其他部门按照科学的方法，运用先进的手段，选拔岗位所需要的人力资源的过程。招聘工作的目标就是成功地选拔和录用企业所需的人才，实现所招人员与待聘岗位的有效匹配。这种匹配要求将个人特征与工作岗位的特征有机地结合起来，从而获得理想的人力资源管理结果。

甄选的原义是指在审查的基础上进行选择。主要是表明在进行选择之时是有根据的，是通过了各种条件的审核之后才得出的结论，而不是随意的选择。在人力资源管理中，甄选一词的含义基本等同于“筛选”。只有对所有的应聘者进行考核后才能知道哪些人是符合本公司的需求。只有从众多的求职者中选出合适的，才能下聘书录用。让最适合的人在最恰当的时间位于最合适的位置，为组织做出最大的贡献。

（二）招聘与甄选的原则

在所有的行业中，无论拟招聘和甄选的人员数量多少，也无论招聘和甄选工作是由组织内部的人力资源部门完成，还是外包给企业外部的专业机构完成，都应该遵循一定的原则，只有这样才能确保招聘和甄选工作的有效性。这些原则如下 。

1. 经济效益原则

企业各级职员的选拔聘用是为企业的生产经营服务的，因此招聘和甄选计划的拟定要以企业的需要为依据，以确保经济效益的提高为前提。招聘和甄选工作的目的既不是盲目地扩大员工队伍，更不是为了解决职工子女就业，而是为了保证企业生产经营活动的正常进行，使企业的经济效益能够得到不断的提高。

2. 因岗配人原则

所谓因岗配人，就是人员的招聘和甄选应以工作岗位的空缺和实际工作的需要为出发点，以岗位对人的实际要求为标准，选拔录用各种人才。因为人员雇用的目的是谋求个人与岗位之间的有效匹配，只有从实际的岗位需要去选聘合适的人才，才能确保这一目标的实现。

3. 全面考核原则

全面考核即对应聘者的德、智、体、能等各方面进行全面的综合考察和测试，从中选拔出具备企业发展所需知识、技能、精力充沛，能对企业的发展做出贡献的优秀人才。

4. 公平公开原则

公平公开原则，即把招聘单位、招聘和甄选种类和数量、人职资格、测评方法、时间、地点等信息向所有可能应聘的人群或社会公众告知，公开进行，广纳贤才。

5. 竞争原则

即通过简历分析、结构化面试、心理和行为测验、业绩考核、资信调查等一系列方法来确定申请者的优劣和决定人员的取舍。而不是靠个人的直觉、印象等来选人。这样有利于增强选聘、录用的科学性。

6. 程序化、规范化原则

科学合理的确定企业职员的选拔标准和聘用程序，是企业选拔到优秀人才的重要保证。也只有按照规定的标准和程序选拔录用，才能吸引到真正热爱企业、愿意为企业的发展做出贡献的人才。

三、鉴于胜任能力的人员招聘和甄选的基础理论

个体差异是普遍存在的，每一个个体都有自己的个性特征，而每一种职业由于其工作性质、环境、条件、方式的不同，对工作者的能力、知识、技能、性格、气质、心理素质等有不同的要求。进行招聘和甄选时，就要根据一个人的个性特征来选择与之相对应的职业种类，即进行人—职匹配。如果匹配得好，则个人的特征与职业环境协调一致，工作效率和职业成功的可能性就大为提高。反之则工作效率和职业成功的可能性就很低。因此，对于组织和个体来说，进行恰当的人—职匹配具有非常重要的意义。为此首先要做的工作就是确认员工胜任力，以下就是鉴于胜任力的人员招聘和甄选的两大基础理论。

（一）特性—因素论

特性—因素论（Trait-Factor Theory）可追溯到18世纪的心理学研究，直接建立在帕森斯（F. Parsons）关于职业指导三要素思想之上，由美国职业心理学家威廉斯（E. G. Willianson）发展而形成。

特性—因素论认为个别差异现象普遍地存在于个人心理与行为中，每个人都具有自己独特的能力模式和人格特质，而某种能力模式及人格模式又与某些特定职业相关。每种人格模式的个人都有其相适应的职业，人人都有选择职业的机会，人的特性又是可以客观测量的。帕森斯提出职业指导由三步（要素）组成。

第一步是评价求职者的生理和心理特点（特性）。通过心理测试及其他测评手段，获得有关求职者的身体状况、能力倾向、兴趣爱好、气质与性格等方面的个人资料，并通过会谈、调查等方法获得有关求职者的家庭背景、学业成绩、工作经历等情况，并对这些资料进行评价。

第二步是分析各种职业对人的要求（因素），并向求职者提供有关的职业信息，包括：①职业的性质、工资待遇、工作条件以及晋升的可能性；②求职的最低条件，诸如学历要求、所需的专业训练、身体要求、年龄、各种能力以及其他心理特点的要求；③为准备就业而设置的教育课程计划，以及提供这种训练的教育机构、学习年限、人学资格和费用等；④就业机会。

第三步是人—职匹配。指导人员在了解求职者的特性和职业的各项指标的基础上，帮助求职者进行比较分析，以便选择一种适合个人特点又有可能得到并能在职业上取得成功的职业。

特性—因素强调个人的所具有的特性与职业所需要的素质与技能（因素）之间的协调和匹配。为了对个体的特性进行深入详细的了解与掌握，特性—因素论十分重视人才测评的作用，可以说，特性—因素论进行职业指导是以对人的特性的测评为基本前提。它首先提出了在职业决策中进行人—职匹配的思想。故这一理论奠定了人才测评理论的基础，进而推动了人才测评在职业选拔与指导中的运用和发展。

（二）人格类型理论

美国职业心理学家霍兰德（Holland）创立的人格类型理论对人才测评的发展产生了重要的影响。

在人格和职业的关系方面，霍兰德提出了一系列假设：①在现实的文化中，可以将人的人格分为六种类型：实际型、研究型、艺术型、社会型、企业型与传统型（每一特定类型人格的人，便会对相应职业类型中的工作或学习感兴趣）；②环境也可区分为上述六种类型；③人们寻求能充分施展其能力与价值观的职业环境；④个人的行为取决于个体的人格和所处的环境特征之间的相互作用。在上述理论假设的基础上，霍兰德提出了人格类型与职业类型模式。不同类型人格的人需要不同的生活或工作环境，例如“实际型”的人需要实际型的环境或职业，因为这种环境或职业才能给予其所需要的机会与奖励，这种情况即称为“和谐”（congruence）。类型与环境不和谐，则该环境或职业无法提供个人的能力与兴趣所需的机会与奖励。霍兰德在其所著的《职业决策》一书中描述了六种人格类型的相应职业。

1. 实际型（realistic）

喜欢有规则的具体劳动和需要基本操作技能的工作，因其缺乏社交能力，不适应社会性质的职业。具有这种类型人格的人其典型的职业包括技能性职业（如一般劳工、技工、修理工、农民等）和技术性职业（如制图员、机械装配工等）。

2. 研究型（investigative）

具有聪明、理性、好奇、精确、批评等人格特征，喜欢智力的、抽象的、分析的、独立的定向任务这类研究性质的职业，但缺乏领导才能。其典型的职业包括科学研究人员、教师、工程师等。

3. 艺术型（artistic）

具有想象、冲动、直觉、无秩序、情绪化、理想化、有创意、不重实际等人格特征。喜欢艺术性质的职业和环境，不善于事务性工作。其典型的职业包括艺术方面的（如演员、导演、艺术设计师、雕刻家等）、音乐方面的（如歌唱家、作曲家、乐队指挥等）与文学方面的（如诗人、小说家、剧作家等）。

4. 社会型（social）

具有合作、友善、助人、负责、圆滑、善社交、善言谈、洞察力强等人格特征。喜欢社会交往、关心社会问题、有教导别人的能力。其典型的职业包括教育工作者（如教师、教育行政工作人员）与社会工作者（如咨询人员、公关人员等）。

5. 企业型（enterprising）

具有冒险、野心的人格特征。喜欢从事领导及企业性质的职业，独断、自信、精力充沛、善社交等，其典型的职业包括政府官员、企业领导、销售人员等。

6. 传统型（conventional）

具有顺从、谨慎、保守、实际、稳重、有效率等人格特征。喜欢系统条理的工作任务。其典型的职业包括秘书、办公室人员、计事员、会计、行政助理、图书馆员、出纳员、打字员、税务员、统计员、交通管理员等。

然而上述的人格类型与职业关系也并非绝对的一一对应。霍兰德在研究中发现，尽管大多数人的人格类型可以主要地划分为某一类型，但个人又有着广泛的适应能力，其人格类型在某种程度上相近于另外两种人格类型，则也能适应另两种职业类型的工作。也就是说，某些类型之间存在着较多的相关性，同时每一类型又有种极为相斥的职业环境类型。霍兰德有一个六边形简明地描述了六种类型之间的关系。

根据霍兰德的人格类型理论，在职业决策中最理想的是个体能够找到与其人格类型重合的职业环境。一个人在与其人格类型相一致的环境中工作，容易得到乐趣和内在满足，最有可能充分发挥自己的才能。因此在职业选拔与职业指导中，首先就要通过一定的测评手段与方法来确定个体的人格类型，然后寻找到与之相匹配的职业种类。为了确定个体的人格类型，就需要大量运用人才测评的手段与方法，霍兰德本人也编制了一套职业适应性测验（The Self-Directed Search，SDS）来配合其理论的应用。

第二节　员工招聘过程

一、制订招聘计划

（一）招聘计划的内容

招聘计划一般包括以下内容：

（1）人员需求清单，包括招聘的职务名称、人数、任职资格要求等内容。

（2）招聘信息发布的时间和渠道。

（3）招聘小组人选，包括小组人员姓名、职务、各自的职责。

（4）应聘者的考核方案，包括考核的场所、大体时间、题目设计者姓名等。

（5）招聘的截止日期。

（6）新员工的上岗时间。

（7）费用招聘预算，包括资料费、广告费、人才交流会费用等。

(8) 招聘工作时间表，尽可能详细，以便于他人配合。

(9) 招聘广告样稿。

(二) 招聘计划的编写步骤

招聘计划的编写一般包括以下步骤：

(1) 获取人员需求信息：人员需求一般发生在以下几种情况：人力资源计划中明确规定的人员需求信息；企业在职人员离职产生的空缺；部门经理递交的招聘申请，并经相关领导批准。

(2) 选择招聘信息的发布时间和发布渠道。

(3) 初步确定招聘小组。

(4) 初步确定选择考核方案。

(5) 明确招聘预算。

(6) 编写招聘工作时间表。

(7) 草拟招聘广告样稿。

二、招聘策略的制定

招聘策略是招聘计划的具体体现，是为实现招聘计划而采取的具体策略。

1. 地点策略

选择哪个地方进行招聘，一般要考虑潜在应聘者寻找工作的行为，企业的位置，劳动力市场状况等因素。客观上，为了节省开支，企业通常在既有条件又有招聘经历的地方招聘，倾向于在所在地的市场招聘办事员和工人，在跨地区的市场上招聘专业技术人员，而在全国范围内甚至国际上招聘高级管理人才。

2. 招聘途径

采用哪一种途径或方式招聘人员，应根据供求双方不同情况而定。例如，是采用简单的方式，还是繁复的方式；是采用主动的，还是等人上门；是大张旗鼓，还是悄悄地进行等。无论如何，做好招聘工作，都需要和学校、职业介绍机构、有关团体、培训机构等保持密切联系。一般来说，企业可在大学毕业生中招聘专业技术人员和中层管理人员；借助职业介绍所招聘办事员和生产工人；通过广告招聘销售人员、专家等。为了节省开支和时间，还可采用员工引荐的方式。

3. 聘用策略

采用外部招聘，还是企业内部招聘，取决于企业的聘用策略。聘用策略主要有传统的甄选模式、人力资源管理模式和“非我族类”模式。

(1) 传统的甄选模式，即“以人就事”，以工作为主，机构的需要优先。

(2) 人力资源模式，即“以事就人”“以人为主”，旨在人尽其才。

(3) “非我族类”模式，即筛除与自己的理想、经验、教育、背景不同的人。

4. 时间策略

有效的招聘策略不仅要明确招聘地点和方法，还要确定恰当的招聘时间，招聘时间一般要比有关职位空缺可能出现的时间早一些。

可以用一个例子来说明招聘时间的选择。

某企业欲招聘 30 名推销员。根据预测，招聘中每个阶段的时间占用分别为：征集个人简历需要 10 天，邮寄面谈邀请信需要 4 天，做面谈准备安排需 7 天，企业聘用与否的决定需 4 天，接到聘用通知的候选人在 10 天内做出接受与否的决定，受聘者 21 天后到企业参加工作。前后需 56 天的时间。那么招聘广告必须在活动前 2 个月登出，即如果招聘 30 名推销员的活动是某年的 6 月 1 日，则招聘广告必须在 4 月 1 日左右登出。

三、招聘渠道的选择

常用的招聘渠道有互联网、媒体广告、现场招聘会、校园招聘、人才中介机构、猎头公司、雇员推荐等，如何选择最适合企业的招聘渠道往往是最难的问题。有效地选择出适合于企业的招聘渠道是招聘过程中的重点之一。

企业向外发布招聘信息，就需要设计出能够具有引起受众的注意和兴趣、激起求职者申请工作的愿望以及让人看了之后立刻采取行动等特点的招聘广告，即注意—兴趣—愿望—行动四原则。在撰写招聘广告时，还需要保证招聘广告的内容客观、真实，要符合国家和地方的法律法规和政策，要简洁明了，重点突出招聘岗位名称、任职资格等内容以及联系方式。

人才招聘会是一种比较传统的招聘方式。如果决定了要参加一场招聘会，就必须为招聘会做好充分的准备。准备一个有吸引力的展位，在人才招聘会上这一点尤其重要。如何让自己的公司出类拔萃，从而在招聘会的竞争中取胜，从某种意义上来讲不亚于在业务上与其他公司的竞争，而且这个时候树立给大众的公司形象是直接的，影响是深刻的。准备好会上所用的资料，如宣传品和登记表格。准备好相关的设备，如现场可能需要用到电脑、投影仪、电视机、放像机、录像机、照相机等设备，这些都应该事先准备好。招聘工作人员也应做好准备，这些准备包括要对求职者可能会问到的问题了如指掌，对答如流。另外，招聘工作人员在招聘会上要着正装，服装服饰要整洁大方。在招聘会上，招聘工作人员要提前进入会场，将一切布置妥当，迎接求职人员入场；要时刻保持良好的精神风貌，不能在展台里交头接耳，不要在求职者走后对他们进行评论，一方面对求职者不够尊重，另一方面可能会令其他求职者望而却步。招聘会结束后，一定要用最快的速度将收集到的简历整理一下，通过电话或电子邮件方式与应聘者取得联系。

猎头服务方兴未艾，一般适用于高级人才的招聘，猎头公司的服务程序为：接受委托、职位分析及公司背景了解、签约委托、寻猎行动、初试及综合测评、推荐与复试、录用、结算余款及后续跟踪服务。目前，我国的猎头市场还存在许多不规范的地方，因此一定要注意一些问题，选择猎头公司时要对其资质进行考察，在与猎头公司合作时，一定要在开始时约定好双方的责任和义务，并就一些容易发生争议的问题事先达成共识，例如费用、时限、候选人的标准、保证期的承诺、后续责任等问题。

网络招聘可以使招聘工作变得异常轻松，求职者不用为参加招聘会疲于奔命，企业招聘负责人只需轻点鼠标，就可以浏览应聘信息。通过数据库、搜索等网络技术，网络招聘服务商可以对庞大的求职者资料和企业职位空缺资料进行管理，可以方便地增加、修改和删除这些资料，可以实现异地用户之间的信息传递，使资料的查询、求职者与职位空缺之间的匹配更加迅速、便捷。与招聘网站合作需要考察的四个因素，即其是否拥有良好的信誉、强大的功能、优质的服务及网络招聘扩展服务。

四、招聘常用文书

1. 招聘简章

通常企业的招聘简章要包括如下内容：

(1) 企业简介。

(2) 招聘岗位名称。

(3) 任职资格，工作职责，工作地点等。

(4) 人事政策，包括企业的薪酬政策、社会保障政策、福利政策、培训政策等。

(5) 联系方式，包括地址，联系方式等。

2. 求职表

一般情况下，人力资源部可以准备一份规范的应聘登记表，以供了解员工的基本状况。

第三节　员工甄选实务

一、简历、申请表筛选

(一) 简历筛选

简历是申请者职业经历、教育背景、成就和知识技能的总结，给申请者以较大的自由发挥空间，易于充分展现申请人的创造性和书面表达能力，但同时由于简历是应聘人员自己制作的，招聘者对简历的内容和风格缺少控制，很难快速从大量信息（包括部分冗余信息）中获取所需的有用信息。招聘者在阅读求职者简历时可以通过分析简历结构，来分析应聘者的组织和沟通能力；然后看应聘者的专业资格和经历是否符合招聘岗位的要求，并特别注意简历中出现的空白时间和前后矛盾之处（必要时进行标注），以便为后面的面试等环节做好准备。

（二）申请表筛选

申请表是组织为收集申请人与应聘岗位有关的全部信息而专门设计的一种规范化表格，可以帮助组织精确地了解到申请者的历史资料。申请表最大优点在于其结构的完整性与直接性，可以加快预选速度，能够帮助招聘单位最快、最准确地获得与应聘人员有关的资料。使用申请表要注意，申请表的设计一定要科学，能全面反映与应聘工作有关的申请人资料。事实上，不同的企业和公司在招聘中使用的申请表的项目是不同的，且很多企业使用不止一种求职申请表。但不管何种形式的申请表，一般来说，都包括应聘职位、工作性质，应聘者资料、教育情况、学术及专业活动情况、进修及培训经历，应聘者个人要求等信息，以确保申请表提供的信息能够有助于提高筛选的效率和效益。在现实的招聘中，招聘单位会根据实际情况（如考虑招聘的时间要求、成本等），选择分别使用或结合使用这两种方式来对应聘人员进行初步筛选。

二、背景调查

背景调查的目的是获得求职者更全面、真实的信息。进行背景调查有几个关键环节要把握住：一是何时进行调查，二是调查内容的设计，三是调查如何操作。由于人才在市场供大于求的状况，求职者面临极大压力，被迫在求职时对自己进行包装，求职书越做越精美，工作经历越来越丰富，其实水分很大。根据人口普查资料，我国持假文凭者已达 60 万人，相当于 20 世纪 90 年代一年的普通高校毕业生总数。据美国一项资料显示，有 3000 万人曾经因为伪造简历被录用。

背景调查是拒假于门外的有力武器，放弃背景调查意味着公司失去了基本的免疫力。背景调查最好安排在面试结束后与上岗前的间隙，此时大部分不合格人选已经被淘汰，对淘汰人员自然没有实行调查的意义。剩下的佼佼者数量已经很少，进行背景调查的工作量相对少一些，并且根据几次面试的结果，他们介绍的资料已经熟悉，此时调查，在项目设计时更有针对性。根据调查结果，决定是否安排上岗，以免在上岗后再调查出问题，令公司和人力资源部进退两难。

背景调查内容应以简明、实用为原则，“内容简明”是为了控制背景调查的工作量，降低调查成本，缩短调查时间，以免延误上岗时间而使用人部门人力吃紧，影响业务开展。再者，优秀人才往往几家公司互相争夺，长时间的调查是给竞争对手制造机会。“实用”指调查的项目必须与工作岗位需求高度相关，避免查非所用，用者未查。

调查的内容可以分为两类：一是通用项目，如毕业学位的真实性、任职资格证书的有效性，二是与职位说明书要求相关的工作经验、技能和业绩，不必面面俱到。背景调查可以委托中介机构进行，选择一家具有良好声誉的咨询公司，提出需要调查的项目和时限要求即可。如果工作量较小，也可以由人力资源部操作，建议根据调查内容把目标部门分为三类，分头进行调查。第一类是学校学籍管理部门。在该部门查阅应聘者的教育情况，能够得到最真实可靠的信息，持假文凭者即可分辨。第二类是历任雇佣公司。从雇主那里原则上可以了解到应聘者的工作业绩、表现和能力，但雇主的评价是否客观需要加以识别，有的雇主为防止优秀员工被挖走，而故意低调评价手下干将，以打消竞争对手的挖人意图。第三类是档案管理部门。一般而言，从原始档案里可以得到比较系统、原始的资料。目前，档案的保管部门是国有单位的人事部门和人才交流中心，按照规定，他们对档案的传递有一套严格保密手续，因此，档案的真实性比较可靠。但目前人才中心保管的档案存在资料更新不及时的普遍缺陷，员工在流动期间的资料往往得不到补充，完整性较差。相对而言，背景调查对于招聘工作中的做假现象能起到一定的防范作用，有助于企业招到真正符合用人要求的急需人才。

三、笔试

笔试是一种常用的、基本的测试方法，它是让求职者在试卷上完成事先拟好的试题，然后由主考人根据求职者解答的正确程度予以评定成绩的一种测试方法。通过笔试，可以测量求职者的基本知识、专业知识、管理知识以及综合分析能力及文字表达能力等素质能力的差异。笔试的优点在于可以通过一定数量、规模的测试（通常几十道试题，甚至上百道试题），来保证对求职者知识、技能和能力的考察的信度和效度；可以大规模地进行评价，花时间少、效率高，比较经济；成绩评定比较客观，而且可以保存求职者回答问题的真实材料。由于上述优点，笔试至今仍然是组织对求职者经常采用的测评方法之一。

笔试的局限性在于，不能直接和求职者见面，不直观，不能全面考查求职者的工作态度、品德修养及组织管理能力、沟通协调能力和操作技能等，而且不能排除作弊和偶然性的存在。因此，还需要其他测试方法的补充。一般而言，在人员招聘、选拔的过程中，笔试通常作为求职者参加的初次测试，成绩合格者方可继续参加面试或下一轮的测试。

笔试一般可以分为标准化笔试和结构化笔试两种方式。

（一）标准化笔试

标准化笔试是通过受试者填写严格的文字材料评价受试者特征的测试形式，纸笔测试和计算机测试都属于这一类。其特点是：

（1）所用材料都是经过系统地分析人才和职位的情况，再经标准化而确立的。

（2）所填材料是两项或多项选择题。

（3）回答方式是封闭的，只能任选一项。

（4）实测过程是标准化的过程，一般是限定时间或限定答题方法。

（5）对结果的统计和解释也是相对严格和封闭的。

该测试方法有快速、便于统计的优点，但因设置为选择题的形式，限制了求职者才能的发挥，思路的扩散；且选择项或前后题目之间的关系，对求职者可能会起到一定的提示作用，影响求职者测试的独立性，不利于反映求职者的真实情况。因此，标准化笔试经常被作为一种辅助性的或初步的测试。

（二）结构化笔试

结构化笔试是通过受试者填写开放性的文字材料评价求职者特征的测试形式，其特点如下：

（1）所用材料都是经过系统地分析人才和职位的情况，再经结构化而确立的。

（2）测试题具有引导性、复杂性和可开阔性。求职者可以广开思路、深入细致地分析问题，可以充分展现自己的才华。

(3) 每位求职者可以充分展现自己的个性和特点。

(4) 本测验的测试内容可以依据具体的岗位灵活设置。

该测试方法能克服标准化方法过于简单的缺点，更接近于求职者的真实情况。但评判的难度较大，评判结论易受阅卷者的主观影响。因此，有效地采用结构化方式的前提是测试前制定严格细致的评估标准，并对阅卷者进行相应的评判培训。

为了保证笔试的效度，在其实施过程中应注意：笔试的命题。命题是笔试的首要问题，命题恰当与否，决定着考核的效度。无论是招聘管理人员和专业人员，还是招聘普通文员的笔试命题，都必须既能考核求职者的文化程度，又能体现出空缺职位高低、工资特点和特殊要求。命题过于简单或复杂都不利于测评和选拔。另外，在拟定笔试参考答案时，应确定评阅计分规则。各个考题的分值应与基本考核内容的重要性及考题难度成正比，若分值分布不合理，总分数不能有效地表示受测者的真正水平；阅卷及成绩复核。检阅求职者试卷要本着客观、公正、不徇私情的原则。为此，应防止阅卷人看到求职者姓名等相关信息。阅卷人应共同讨论评分的宽严尺度，并建立严格的成绩复核制度以及处罚徇私舞弊者的纪律。

四、面试体系的设计

理想的面试包括五个阶段：准备、引入、正题、收尾以及回顾。

(1) 面试准备时，首先要审查求职者的申请表和简历，并注明能表明其优缺点和尚需进一步了解的地方。同时应当查阅工作说明书。

(2) 在引入阶段，应聘者刚开始进行面试时问一些比较轻松的话题，以消除应聘者的紧张情绪，建立起宽松、融洽的面试气氛。

(3) 在正题阶段，面试者要按照事先准备或者根据面试的具体进程，对应聘者提出问题，同时对面试评价表的各项评价要素做出评价。

(4) 在收尾阶段，主要问题提问完毕以后，面试就进入了收尾阶段，这时可以让应聘者提出一些自己感兴趣的问题由面试者解答。

(5) 在回顾面试阶段，面试者检查面试记录，把面试记录表填写完整。

做好面试前的准备工作，回顾职位说明书，阅读应聘材料和简历，能够帮助面试者更好地对被面试者做出判断，能够帮助被面试者形成对公司的良好印象。由于在面试之前没有做好准备，可能会失去一些优秀的潜在人才。面试的过程是面试者对被面试者进行判断的过程，也是被面试者对公司进行判断的过程。因此，为了在被面试者的心目中形成对公司的良好印象，必须要重视面试前的准备。

面试通用题库包括询问应聘者基本情况、专业背景、工作模式、价值取向、资质特性、薪资待遇、背景调查等方面的专业题库。也有其他面试问题样例，如团队意识、有效的沟通技能、工作主动性、适应能力、决策和分析问题的能力、交际能力、鼓励创新和革新的能力、独立工作的能力、处理矛盾和冲突的能力、建立合作关系的能力等方面的面试问题样例。面试是一种通过招聘者和求职者直接交谈或将求职者设置在特定情境中进行观察，了解求职者的经验、个性、能力及求职动机等情况，从而完成对求职者适应职位的可能性及发展潜力评估的一种十分有用的测评技术。它是人力资源管理招聘领域应用最普遍的一种测评形式。面试一般可以分为结构化面试、非结构化面试、半结构化面试以及压力面试和行为描述面试。

（一）结构化面试

结构化面试是指依据预先确定的内容、程序、分值结构进行的面试形式。面试过程中，招聘者必须根据事先拟定好的面试提纲逐项对求职者进行测试，不能随意变动面试提纲。求职者也必须针对问题进行回答。面试各个要素的评判也必须按分值结构合成。也就是说在结构化面试中，面试的程序、内容以及评分方式等标准化程度都比较高，使面试结构严密，层次性强，评分模式固定。

（二）非结构化面试

非结构化面试就是没有既定的模式、框架和程序，招聘者可以“随意”向求职者提出问题，而对求职者来说也无固定答题标准的面试形式。招聘者提问的内容和顺序都取决于其本身的兴趣和现场求职者的回答。这种方法给谈话双方以充分的自由，招聘者可以针对求职者的特点进行有区别的提问。虽非结构化面试形式给面试的招聘者以自由发挥的空间，但这种形式也有一些问题，它易受招聘者主观因素的影响，面试结果无法量化以及无法同其他被测者的评价结果进行横向比较等。

（三）半结构化面试

半结构化面试就是介于非结构化面试和结构化面试之间的一种形式。它结合两者的优点，有效地避免了单一方法的不足。总的说来，面试的方法有很多优势，面试过程中的主动权主要控制在招聘者手中，具有双向沟通性，可以获得比材料法中更为丰富、完整和深入的信息，并且使面试可以做到内容的结构性和灵活性相结合。

（四）压力面试

压力面试通常是在面试一开始时向求职者提出一些带有敌意或攻击性的问题，给求职者意想不到的一击，然后观察求职者的反应。通过此方法，了解求职者根据压力对情绪调整的能力，一些求职者面对压力面试时能够从容不迫，另一些则不知所措。压力面试多用于测试营销人员、公关人员或管理人员。

（五）行为描述面试

行为描述是让求职者描述过去的经历或行为，从而获取与求职者和所应聘岗位有关的信息。一方面，从求职者过去的工作经历，判断其选择本组织发展的原因，预测其未来在本组织发展所采取的行为模式；另一方面，了解求职者对特定行为所采取的行为模式，并将其行为模式与空缺职位所期望的行为模式进行分析比较。在行为描述过程中，招聘者往往提及求职者过去的工作内容与绩效，提问方式更具有诱导性，从而激起求职者真实的回答。

总的说来，面试方法有很多优势，面试过程中的主动权主要控制在招聘者（主考官）手中，具有双向沟通性，可以获得较为丰富、完整和深入的信息，并且面试可以做到内容的结构性和灵活性的结合。但面试很容易受招聘者的主观影响，信效度偏低，多人面试时耗时较长，所以面试应和其他测评方式如能力测试、心理测试、人格测试等多种测评方式有效结合，对应聘者实施更为客观、真实的测评。

招聘或甄选一位新的企业员工，对于用人的企业和管理层来说，无疑同样是一项重要的投资和决定。从现实世界中发生过的无数真实案例已经证明，想要招聘到一个，甚至一批优秀、合适、胜任的企业员工、职业经理人，一点都不比引进一个大型合作项目、开展一项期待能够产生良好效益的投资、研发一个世界领先的产品容易多少。显而易见，一旦招聘人才的决策失误，尤其是较高层次的职业经理人（如CEO、区域总经理等职位）的候选人甄选，其造成的损失并不亚于一个投资项目的失败，而其在企业内部造成的负面影响也有如发生地震一般令企业在职员工感到挫败，进而失去对企业决策层的信心。

员工甄选是从工作申请人中进行挑选，进而决定是否录用的重要程序。员工的甄选环节之所以非常重要是因为：首先组织的业绩是由员工来实现的，所以，一定要争取招聘到合格的员工。做好员工进入企业前的选拔工作，可以避免日后的调职或解聘。其次，员工的雇用成本是很高的。再者，员工的甄选工作还可能要受到劳动就业法规的约束，这也使招聘程序变得特别重要。最后，员工测评不仅能够帮助企业制定员工雇用的决策，也能够帮助企业制定晋升决策。

【案例分析】

如家酒店2009年应届生招聘简章

公司简介：如家酒店连锁创立于2002年，2006年10月在美国纳斯达克上市。作为中国酒店业海外上市第一股，如家始终以顾客满意为基础，以“成为大众住宿业的卓越领导者”为愿景，向全世界展示着中华民族宾至如归的“家”文化服务理念和民族品牌形象。作为中国经济型酒店的领袖品牌，如家已在全国30个省和直辖市覆盖106座主要城市，拥有连锁酒店600多家，形成了遥遥领先业内的最大的连锁酒店网络体系。凭借标准化、干净、温馨、舒适、贴心的酒店住宿产品，如家为海内外八方来宾提供安心、便捷的旅行住宿服务，传递着“适度生活、自然自在”的简约生活理念。如家在2002年荣获“中国饭店业集团20强”称号，2005年荣获“中国饭店集团十大影响力品牌”及“未来之星”称号。同时蝉联2006年、2007年中国酒店“金枕头”最佳经济型连锁酒店品牌，并荣获“2007年中国杰出雇主（上海）”“2007年最佳成长民营上市公司”“中国酒店产业年度金奖”和“中国公共关系事业20年企业关系杰出贡献奖”等称号。成立至今，如家更以敏锐的市场洞察力、完善的人力资源体系、有力的管理执行力和强大的资金优势迅速建立起了品牌、系统、技术、客源等多个核心竞争力。作为行业标杆企业，如家正用实际行动带动着中国经济型酒店市场走向成熟和完善。

招聘岗位名称：酒店前台服务员。

1. 任职资格

(1) 全日制 2009 年应届本科毕业生或旅游/酒店管理专业专科毕业生(全国考生)；

(2) 诚实、热忱、踏实、认真，具有创新精神；

(3) 具有较强的人际沟通能力及团队协作能力；

(4) 愿意投身酒店服务业，服务意识强；

(5) 适应全国性工作调动；

(6) 英语四级（含）以上；

(7) 男/女不限、户籍不限，外貌端正。

2. 工作职责

(1) 负责预定销售客房；

(2) 办理客人入住流程；

(3) 办理客人离店手续；

(4) 整理当班营业额；

(5) 电话转接听服务；

(6) 拔打电话注意事项；

(7) 解答客人疑问，处理客人的投诉、意见和要求。

3.“前台服务员”考核评估

(1) 应届毕业生经录用，在酒店“前台服务员”岗位任职 6 个月；每 2 个月由店长进行岗位考评；

(2) 经店长考评、城总报批，报总部参加“管理培训生（MT）”选拔，合格者进入“管理学院”进行为期 3 个月的“管理培训生”培训；

(3) 培训后，经综合考核合格，分配至酒店，任职 3 个月“见习值班经理”；

(4) 经酒店考评合格，晋升为值班经理。

“前台服务员”的应聘流程：

网上申请 2008.9.30 ——→ **简历筛选** 2008.10.1～09.06.30 ——→ **面试** 2008.10.8～09.6.30 ——→ **录用** 2009.7.1之前可实习

图 4-1　应聘流程

试分析：如家酒店的招聘流程的优点和缺点。

第五章　旅游企业员工培训与发展

第一节　概述

一、员工培训的意义

现代企业的竞争是人才的竞争。旅游企业是劳动密集型的服务型企业，人才的含义更多地体现在员工的整体素质上，人才投资也更多地转化为对员工——旅游企业人力资本的投资。培训作为对人力资本投资的主要形式，日益受到重视。员工培训是全民教育和职工教育的重要组成部分，有利于旅游企业的长远、全面发展，具有十分重要的意义。

（一）适应环境的变化，满足市场竞争的需要

旅游企业所处的环境具有复杂多变的特征，市场的竞争在不断升级，而竞争的核心是人力资源的竞争。现有人力资源面临着知识更新的日益加快，以及目标顾客需求的日新月异，如果不经常对员工进行培训，最终将难逃被淘汰的厄运。

（二）培训可以提高管理人员的管理决策水平

西蒙说过，“管理就是决策”。管理人员要想进行高水平的决策，思维应开阔、深入、灵活，意志要自觉、果断，方法与手段要可行、有效，这样才能保证决策正确。高层管理者的决策正确与否会对工作的社会效益与经济效益产生很大的影响，因此，有必要通过培训提高高层管理者的决策水平。

（三）培训可以提高员工素质

随着现代旅游企业的发展，对员工素质的要求越来越高。无论是管理人员还是基层员工，都应具备完成本岗位工作任务所应具备的专业知识和相关知识，以及相应的管理技巧和服务技能，同时还应具备敬业精神、职业道德与使命感意识。所有这些并不是先天具有的，而应通过习而知之、习而得之。通过对员工不断地培训—工作—再培训—再工作等一系列锻炼，使员工适应新环境，掌握操作技能，不断补充新知识，以适应工作的需要。同时，培训还有利于增强企业的凝聚力和向心力，充分发挥员工的积极性和创造性，使员工将热情、规范、优质、高效的服务视为自己的责任与义务，从而最终反映在企业的管理水准与经济效益上。

（四）培训可以为员工的自身发展提供条件

培训不仅对旅游企业有益，对员工本身也颇有益处，这主要表现在：

1. 增长本领，增加收入

员工经过培训，可以扩大视野，增长知识，提高技能，提高服务效率，进而增加个人收入。例如，为了适应工作需要，一些饭店、旅行社规定员工一门外语的运用熟练程度和掌握外语的门数，并且将其直接与特设的奖金挂钩。有的员工经过强化和考评，无论是对于工作本身还是对于个人收入的增加，都收到了立竿见影的效果。

2. 为晋升创造条件

旅游企业的发展，急需更多的有管理能力的人才。培训不仅能使员工出色完成本职工作，还有助于扩大知识面和扩展工作领域，并接受新的管理理论的熏陶，为晋升发展创造必要的条件。在旅游企业中，虽然晋升的机会是很有限的，不可能人人都是幸运者，但至少应使员工明白，每个人的晋升和发展的机会是与自身素质和表现联系在一起的，不经过培训，不提高自身的素质和能力，不认真工作，这种机会靠消极的等是等不来的。

3. 提高职业安全感

在具有现代化设备设施的环境中工作，仅有热情是不够的。比如在饭店里，光凭着胆大就敢随意操作具有一定危险性的机器设备是完全不可取的。经过培训，可以使旅游企业员工熟悉业务，成为工作内行，对工作充满信心，在增强职业安全感的同时，使员工人身和饭店财产安全相应得到保证。

（五）培训可以减低损耗和劳动成本

对旅游企业来说，许多服务工作都有一定的浪费与损耗。例如饭店餐饮、客房清洁、洗涤等。这里既有自然损耗，也有人为因素。有关专家研究结果显示，培训可以减少73％左右的浪费。

旅游企业的员工如果在工作中时常感到有压力，而又缺乏正确的疏导，就会寻找畸形的宣泄渠道，例如迟到、工作马虎、服务态度差、人为加大原材料的损耗等，这无疑会加大企业的劳动力成本费用。如果能够经常、及时地对员工进行有计划、有针对性的教育培训，减缓其工作压力，则有助于减低劳动力成本和改进服务质量。

通过培训，还可以有效减少事故的发生，保证旅游企业员工人身和企业财产的安全。据饭店行业的一项调查表明，未经培训员工的事故发生率几乎是受过培训员工的3倍，特别是在饭店内较具危险性的机器设备操作岗位，尤其如此。究其原因，在很大程度上归结于员工没有受过培训。未培训员工除了不知如何使用机器设备外，还会由于无知造成心理紧张与不安。

（六）培训可以促进服务质量的提高

旅游企业要在激烈的竞争中立于不败之地，很重要的因素就是要造就能驾驭不断发展的科技和先进工作方法的高素质员工队伍。员工培训是实现这一方针的重要保证。培训往往意味着员工不断掌握新技术和先进正确的工作方法，改变错误的或是落后的工作方法并补充和增长新的知识。服务质量的提高是综合因素作用的结果，而工作方法的不断改进则是综合因素中不可或缺的一环。

综上所述，对员工进行培训的益处是显而易见的。但如同许多事物一样，培训也不是万能的，它在一定程度上需要同旅游企业的硬件与软件相结合，方能发挥效用。另外，对培训工作的时效性也应有正确的评价。培训工作有的是直接产生效应的，如新员工的岗前培训以及设备的使用培训等。但诸如员工素质的提高，并不能期望通过一两次培训就立即能在各方面显示出来。衡量培训的功用，不能仅仅通过客源和创汇来体现，更多的是通过员工素质的提高，渐进的服务质量和管理水平的提高，进而促进经济效益的提高来体现的。

二、员工培训的特点和原则

旅游企业员工培训既不同于一般意义上的学校普通教育，又有别于其他行业的培训，不了解和把握其特点和规律，就无法真正达到培训的目标。下面先讨论旅游企业的总体培训特点，然后以旅游企业中具有代表性的饭店与旅行社为例，进一步讨论旅游企业员工培训特点。

（一）旅游企业员工培训总体特点

1. 在职性

所谓在职性，是指培训的对象是有工作的、受多种因素影响和制约的在职职工。这就有别于一般意义上的普通教育。普通教育的对象没有工作的压力，没有家庭的拖累，基本任务就是学习。而职工教育的对象则是以工作和劳动为主，学习必须服从工作和劳动。这就给职工教育提出了一些要求：

（1）不能脱离工作与劳动，专业设置要强调实用；

（2）选用教材要精；

（3）学制尽可能缩短；

（4）学习的形式和方法要灵活多样；

（5）教学活动和内容既要有较为系统的理论指导，更要与劳动实践相结合。

随着社会的发展，对人的综合素质和理解能力的要求越来越高，因此，教育也要注重素质教育。通过教育不仅能给人以知识与能力，而且能给人以理智与精神。职工教育的这一特点和新形势下的要求，给职工教育带来了不少难度，因此，应注意以下两点：

（1）在学习内容上，如果实用性和针对性不强，满足不了职工希望能学以致用的目的，他们的学习兴趣就不大，缺乏学习的动力；

（2）在教学方法上，一些学员由于多年来从事一线工作和劳动，实践经验往往比教师还丰富，若教师只是机械地照本宣科，也不会引起学员的兴趣。

2. 成人性

所谓成人性，是指成人无论生活和心理特征，较之普通教育的对象都有很大不同，主要表现在：

(1) 年龄可能较大，机械记忆力有可能减弱；

(2) 学习目的明确，不希望仅仅是空泛地谈理论，而是期望理论联系实际，以求学以致用；

(3) 各种干扰因素较多，容易分散精力；

(4) 理解力强，容易触类旁通，举一反三，结合实际应用效果好。

（二）饭店、旅行社员工培训的主要特点

饭店、旅行社的工作较之其他行业，有着自身的特点，概括起来主要有经济性、涉外性、服务性和季节性等。这就决定了饭店、旅行社员工培训也有其自身的特点。

1. 思想性

对饭店业来说，现代饭店由于业务性质的需要，客观上要求设备设施高档、豪华，环境温馨宜人，同时也要求从业人员的仪表、风度等与饭店硬件环境相匹配。在这种环境中，饭店员工在接受文明之风熏陶的同时，会自觉或不自觉地产生追求安逸享受的思想和行为。因此，结合饭店的实际情况，经常利用多种培训方式对员工进行思想教育、职业道德教育以及心理素质教育，解决认识上的偏差和问题，是提高员工素质、保障工作顺利进行的不可或缺的部分。同样，由于旅行社工作的涉外性和分散性，决定了旅行社教育培训工作应更强调思想政治教育、职业道德教育和外事纪律教育。培训工作的范围和方式更偏向于从本职业、本工作岗位特点出发，提高职工的思想政治觉悟、社会主义旅游职业道德，增强外事纪律观念。

2. 针对性

针对性的核心是实用性。饭店、旅行社员工培训的针对性主要体现在三个方面。

(1) 根据员工需要和岗位需要进行培训。如饭店前台接待人员、餐厅服务员、客房服务员，他们的岗位不同，职能不同，工作内容不同，其培训需求也不同。对于旅行社导游的外语培训，不可能再上语法课，而应传授运用外语于导游讲解的技巧、技能；导游业务培训则一般侧重于案例分析、处理特殊问题的方法以及补充有关的业务知识。培训的内容要紧密结合实际，注意与他们各自承担工作的相关性。

（2）要学以致用。员工参加培训学习的目的是为了增加知识，提高技能，学习以后立即用于工作实践。比如，岗前培训是为了培训对象能适应本职工作，而在岗培训是围绕提高本职业务能力而补充有关的知识技能。因此，员工的培训过程与内容要与其实际工作相互渗透，有机结合，使员工通过培训，确实能将所学的知识技能及时运用于工作，转化为生产力，使工作出现新的起色。

（3）要强调速成性。饭店、旅行社培训的对象大多是在岗员工，由于工作需要，不可能采取全员脱产培训，培训与工作往往一体化，即以在职培训为主。一方面，员工已具备一定的基础和实践经验，为速成提供了可行性；另一方面，工作具有季节性的特性也对员工培训提出了客观要求。因此要针对这一现状，在时间安排上尽可能做到速成，充分利用工作间隔、经营淡季等在不影响工作的前提下开展培训。

3．多样性

饭店、旅行社的工作特点决定了对于不同的培训对象、不同的工作内容，要分为不同层次和采取不同的方法进行培训。培训活动不是一个封闭的系统，而是呈动态开放性的，这就决定了培训工作应有多样性的特点。多样性体现在多层次、多形式、多渠道等方面。

（1）多层次。饭店、旅行社员工培训，并不是特指某些人，而是对不同层次的人都应该进行培训，即全方位、全员性培训。员工不同的职务、年龄构成、知识结构和专业技术等级决定了不同的工作内容和要求。因此，要划分不同层次和采纳不同的方法进行培训。例如，对于基层员工，虽然主要应侧重于培训其业务技能、技巧，改善服务态度，增强其能力，但同时也可学习基本的管理知识。对层次较低的管理人员，由于他们长期工作在组织业务活动的第一线，经验丰富，但较为系统的管理知识和综合管理能力相对而言比较缺乏，因此，对其进行培训时，除结合工作特点设置培训处理业务活动能力课程的同时，还应考虑适当设置提高他们理论知识方面的课程；对较高层次的管理人员的培训，课程设置要以提高他们的系统理论知识和全面的管理能力为重点。

（2）多形式。多样性的培训内容决定了不可能采用单一的培训形式，培训可以按不同标准划分为不同形式。例如，根据培训时间来划分，有中长期培训、短期培训和速成培训等；根据培训方式来划分，有全脱产培训、半脱产培训、业余学习等；根据培训性质来划分，有岗前培训、在岗培训、转岗培训、岗位培训、技术等级培训、晋升培训等。

(3) 多渠道。多渠道培训是指饭店、旅行社不应局限于自身力量，要广开门路和渠道，进行形式多样化的培训。如内部培训、参加讲座培训班、到有关院校进修、委托旅游院校进行骨干强化培训和出国培训等。

4. 标准化

标准化是饭店培训工作有别于其他一些行业的一个显著特点。无数事实证明，凡是管理工作卓有成效的企业都很重视管理规范和服务标准的基础性建设。饭店的经营管理要真正上水准，就需要用高标准来实施。

饭店培训工作的标准化是指如下内容。

(1) 制定工作标准。工作标准包括工作职责、工作程序、工作规则等几部分内容。为了提高服务质量，保护宾客的合法权益，国家旅游局于 1997 年公布了星级饭店优质服务的 10 条要求。这实际上也是饭店树立行业新风、对客人实行优质服务基本标准的外化体现。这些标准既是饭店开展优质服务监督、检查、评比的主要内容，也是培训员工的主要依据之一。

(2) 严格按照工作规程实施培训。饭店的服务质量需要有一个准确的标准。然而服务质量是通过一定的服务形式表现出来的，有形式但没有实物，所以无法量化。这就容易产生一种模糊的概念，似乎服务质量的标准是不确定的。解决这一困难的办法是实施工作规程。工作规程是以描述性的语言规定服务过程的内容、顺序、规格和标准程序。它是服务规范的根本保证，是饭店服务工作的准则和法规。工作规程的具体实施及饭店服务质量能否保证，在很大程度上取决于饭店员工的素质水平如何。因此，严格按照工作规程标准对饭店员工实施培训，就十分必要了。通过规范化的培训，使员工明白服务标准的内涵，由强制性养成到自觉性养成，从而在工作中按照受训的标准进行规范服务，以达到宾客满意、全面提高饭店经营管理水平和服务质量的效果。标准化培训是饭店培训工作中运用的一种主要手段。

5. 重视外语培训

这一点是由饭店、旅行社的涉外性决定的。许多旅行社、星级饭店的服务对象主要是外国宾客，而语言是员工与宾客沟通的桥梁，因此员工的外语水平直接影响到能否为宾客提供满意的服务。比如饭店前台接待直接与宾客打交道，提供面对面的服务，如果听不懂客人的话，抑或就是听懂一些，也不善于表达自己的意愿，无法进行双向交流，则会严重影响服务质量。对于旅行社培训工作来说，导游外语培训是在大学外语专业教育基础上的高层次专业培训，其他专业的外语培训也是接近或达到大专外语水平的培训。

6. 季节性

旅游接待工作一般有淡、平、旺季，这种接待工作的季节性又因不同国家与地区的旅游者而有所差别。如日本旅游者，每年都有几次相对固定的观光浪潮，如岁末撞钟、八月修学团、十月旅游高峰等。这就给饭店、旅行社的培训工作带来了比较突出的季节性特点。

（三）培训原则

员工培训实质上是被培训员工的学习过程。因此，要想提高培训的效率，就必须了解人类的学习规律。心理学界多年来对人类的学习规律进行了大量的科学研究，提出了一些理论和原则，可以应用于培训活动中。在具体的培训过程中应注意以下原则。

1. 注意原则

在培训中，应使培训活动引起员工的注意与兴趣。培训任务的新异性、奖励的运用、培训与员工需求之间的关系等，都会影响员工的注意与兴趣。

2. 目标订立原则

培训目标的高低也会影响学习积极性和学习效率。除了在培训之前进行有关学习目的和意义的教育之外，应尽可能让员工真正地参与制定培训目标，使其对目标产生更强的责任感。同时，目标应该明确具体、易于检查，使员工经过一定的努力能够达到。这种目标与现实之间产生的创造性张力会使员工努力改变现实以减少差距，而不会因目标过于缥缈而自我降低目标，使目标订立失去意义。总的培训目标可以分成若干个子目标，还可以分成长期和短期目标。目标订立是一个动态的系统，在培训初期，可以把目标定得较低一些，使员工能达到自己的志愿水平，增强学习信心。此外，应使培训目标与实际工作任务紧密联系在一起。

3. 教学指导原则

在培训时，注意指导员工掌握利用各种资源的能力。教学应由易到难，随时对学习错误进行分析，指导员工做出正确的反应。同时，应该重视员工在年龄、性别、能力、兴趣、个性和态度等方面的个体差异，尽可能采取因人而异的培训方法和教学程序，使每个员工都能达到自己最好的技能水平。

4. 信息呈现与保持原则

培训时，应多采用图解式的、具体的和结构严密的教学材料和信息，尽量少用言语的、抽象的和非结构性的材料。员工对所学信息的保持是一个关键问题。研究表明，分散式练习、教材的使用等，都会促进信息的保持。此外，回忆所学知识时的情境也会影响信息的保持。一般来说，回忆时的情境与原来学习时的情境越相似，学习效果的转移与保持程度越高。

5. 反馈原则

反馈是指员工获得有关自己完成学习任务情况的信息。这种信息一般都包含在任务里。就像打靶一样，射击后，靶上的枪眼就可以提供结果的反馈信息。如果只练习而不了解练习结果，缺少反馈，学习就不会有很大进步。反馈的内容既可以是学习的定量化结果，也可以是定性的反馈。心理学研究证明，把反馈与有效的学习目标结合在一起，比反馈本身的作用大得多。这就是说，在信息反馈时，应该随时对照原目标，订立新的目标。

6. 强化原则

强化是指当某一行为出现后，若得到奖励（称为积极强化），则增强这一行为出现的可能性；若得到惩罚（称为消极强化），则会减弱这一行为出现的可能性。总之，任何事件，凡是改变行为发生概率的，均称为强化。

一般而言，奖励对学习效果的影响要比惩罚好。因为惩罚会导致焦虑及愤怒，以至于影响学习情绪，进而影响学习的效果。但有时紧跟着错误行为之后的轻微惩罚也能得到好的效果。在使用强化时，必须了解人们的动机系统与对惩罚的态度，否则强化起不到应有的作用。例如，如果一个为大家所轻视的被培训者，因某特殊行为而得到奖励时，只会引起此培训团体的排斥与讥笑，在这种情况下，奖励反而造成了相反的后果。

7. 转移原则

培训效果的转移，是指培训中所掌握的知识、技能或态度能够在今后的工作中得到利用的程度，这也是对培训方案的效果的评价。转移可以是正转移，即促进今后的工作；也可以是负转移，即干扰今后的工作。可以通过采取一些方法来增强正转移的效果，其中包括：使培训与工作尽可能相似；提供有关培训任务和技能的各种实例；明确任务的重要特征和一般原则；对今后工作中表现出的所学到的技能和行为及时给予奖励；把培训设计得更具有可实践性，等等。

三、员工培训的基本规律

培训作为教育的一种形式，在实践中具有很强的艺术性。员工培训中存在着一定的规律和原则，充分认识这些因素有利于培训的实施。

（一）整体差异性规律

同一旅游企业的员工在能力上存在着较大的差异。这些差异往往是由员工不同的知识结构、文化程度、性格特征、品质修养以及直接环境所导致的。心理学研究发现，员工学习能力的差异处于一种教学中的正态分布。也就是说，100 位参加学习的员工中，50 位处于中等水平，各有 15 位略高于平均值和低于平均值，10 位能力最强、成绩优异，10 位能力差，成绩处于下等。

认识这一规律，要求主管人员因材施教、因人而异。要放弃使所有员工经过培训都达到同等优良水平的不切实际的幻想，这样当员工没有达到理想目标时不至于失望过大。培训要满足不同人员素质的要求，就要正视员工群体差异性的现实，区分员工的不同特点，如能力差异和心理差异，根据不同的表达能力、操作能力、记忆力、心理素质等采用灵活多样的培训方法，进一步强化总结培训效果。

（二）学习效果的阶段性变化规律

心理学研究发现，员工在接受培训期间，学习效果有着明显的阶段性变化。

1. 迅速学习阶段

员工在接受培训的最初阶段，当积极性被调动起来之后，会对学习内容有浓厚的兴趣，对新知识的好奇心会驱使员工主动思考，创造性地采用各种方法来掌握知识和技术。因此，学习效果很好，学习进展速度快。但是，这段短暂的时间过去之后，则是一个缓慢的过程。

2. 缓慢学习阶段

当员工初步掌握了该项工作之后，其学习兴趣与积极性会锐减，学习进展十分缓慢，相对达到一个稳定的时期。在这一阶段，员工的培训效果始终在提高，但速度较第一阶段相差甚大。当然，不同心理素质的员工在这一阶段的表现有别，意志坚定者会持之以恒，总以创新的方法和较高的热情迎难而上，其学习效果远优于其他员工。个别意志薄弱者会对培训产生厌烦情绪，甚至放弃培训机会。

3. 心理界限

经过较长时间的缓慢进程，员工对该项内容的学习会处于饱和状态，效果将不理想。

尽管根据培训内容的不同，这些阶段的时间跨度和变化有别，但是，阶段性是比较明显的。只有充分认识这些变化，才能更好地从事培训工作。在培训过程中，有意识地区分阶段、调整内容、改变方法将是克服员工学习心理障碍的有效方法。

（三）分散性培训优于集中培训规律

心理学研究证实，任何兴趣和注意力的集中都有一定的时间界限。超过这一限度，学习效果会明显下降。在员工培训过程中，特别是针对在职培训，要注意培训的时间及节奏安排。将某项培训内容分几个阶段短时间学习，其效果远远优于集中一天甚至几天的学习。因为，时间的延长就意味着兴趣的降低和精力的分散。

例如，在饭店餐饮部服务员的入门培训过程中，将餐饮服务分为摆台、看台、传菜、撤台、迎客与送客、仪表与行为以及餐厅设备的保管等步骤，制定培训计划，每天用一个小时左右的时间，新员工就能比较扎实地掌握餐饮服务工作。相反，如果集中一个星期，天天学习这些内容，则效果不会理想。

（四）以考评促培训规律

考评是对一段时期内培训效果的总结和评估。在一个培训中，经常考评员工的学习效果，是激励员工学习和提高学习兴趣的方法和措施。因为，考评给员工造成一定的心理压力，员工会把考评结果同晋升、奖惩、自尊等方面的影响不自觉地加以联系，用外在的环境压力迫使其努力学习。事实上，任何一项学习的效果都会受到考评的影响。妥善安排考评的内容、时间、次数以及结果的处理会加深员工对所学知识的理解、掌握和吸收。考评还有利于评价培训效果，便于发现不足，强化薄弱环节，终止错误。

第二节　培训的类型和方法

一、培训的内容

旅游企业员工培训是全员培训，其目的是达到全员素质的总体提高。因此，培训的内容应该根据不同对象、不同时期的具体情况加以安排。在培训内容上强调学用结合、按需施教，核心是学习的内容与工作需要相结合。

（一）员工培训的内容

1. 旅游企业职工道德的培训

（1）职业道德认识、情感、意志和信念。这是指人们对职业道德现象的感知、理解与接受的程度。旅游企业职业道德培训教育的首要任务是加强员工对本职工作的道德认识，在服务工作中形成正确的道德观念，逐步确立自己对客观事物的主观态度和行为准则。

职业道德情感是指在道德认识的基础上所产生的对事物的爱憎、好恶、亲疏的态度，它对道德行为起着巨大的推动与调节作用。旅游企业职业道德情感培训教育就是要增强员工对职业活动中各项内容的正确认识，增强员工的责任感与使命感。

职业道德意志是坚持某种道德行为的毅力。它来源于一定的道德认识和道德情感，又要靠长期的实践工作磨炼才能逐步完成，它是调节职业道德行为的支持力量。

职业道德信念是人们对道德义务的真诚信仰和强烈的责任感。它是职业活动的最高标准，是道德精神的重要组成部分。

不可否认，无论过去还是现在，社会上都存在一部分人对服务行业另眼看待。就旅游企业从业人员来说，也有一部分人曲解了社会分工中人与人之间的关系。这样，会产生一些不良后果，比如，缺乏应有的敬业乐业精神，易产生自我疑虑和自我轻视的意识；心理不平衡，工作中有怨气等。结果是员工素质下降，服务意识淡漠，服务工作被动，质量严重下滑。因此，职业道德的培养首先要求员工对职业道德规范有一定的理解，逐步树立职业道德认识、情感、意志和信念。

（2）职业道德行为与习惯。职业道德行为是指人们在相互关系中采取的有意识的、经过选择的、能进行道德评价的行为。职业道德习惯是指人们对被强制性灌输的道德认识、道德情感、道德意志、道德信念和道德行为采取积极认同的态度，转化为下意识的、自觉的理念和行为。

旅游企业职业道德培训就是要通过加强道德认识、增强道德情感和信念、磨炼意志，从而使所有员工在本职工作中追求高尚的行为，并且能形成长期的职业习惯，将职业道德规范自觉运用到本职工作中去。

例如，饭店职业道德中一项重要内容——服务态度的养成与运用，服务态度可以表现为饭店服务人员按规定向客人提供的服务内容和服务人员的态度。服务内容是实质性的，包括服务人员主动向客人提供规定的服务项目和发自内心的良好服务，使客人得到享受。服务态度是使客人在感官上、精神上感受到的亲切感，这种体验不是抽象的，而往往要通过服务人员的礼节礼仪作为媒介，通过表情、语言和神态等来表示。良好的服务态度是饭店职业道德在工作中的直观反映。

2. 知识的培训

员工的素质是知识、能力和政治素质的综合反映。知识的培训对素质的提高起着潜移默化的作用，特别是有关旅游和旅游企业的基本知识，影响着服务质量。知识培训是对受训员工按照岗位需要进行的专业知识和相关知识的教育，不一定面面俱到，也不应漫无边际。由于培训对象不同，知识培训的深度、广度和难度应有所区别。对管理人员的知识培训要求有一定的理论深度，要进行职业专门知识、管理知识和政策法规知识等方面的培训。对服务人员的知识培训重点在于掌握本岗位所需的基本知识，如重要客源国的政治、经济、历史、地理和民俗、旅游心理、本地旅游资源和交通、商业情况、饭店礼貌、礼仪以及政策法规知识等。

3. 能力的培训

可以说知识培训是饭店培训的基础，而能力培训是饭店培训的核心、重点。对旅游企业从业人员能力的培养应注重理论联系实际。比如对旅游企业从业人员能力的培训可以通过角色扮演法、案例分析法、情景培训法、集中研讨法和反复的模拟练习、实际操作等形式进行，使其在不同的位置更加深刻地体验他人的心理感受，进而提高其处事能力与应变能力。

4. 操作技能方面的培训

旅游企业的服务工作是技能性和技巧性很强的工作。因此，操作技能的培训是员工培训的一项主要内容。例如，对饭店前厅部接待人员的外语会话能力和谈话技巧、问讯、接待、处理投诉技巧的培训；餐厅服务员领位、看台、摆台、上菜、撤盘的培训；商务中心文员的电脑打字培训等。

操作技能的培训既是基础性培训，又是长久的培训，不是可以一劳永逸的培训方式；应既有集中培训，也有贯穿于实践过程的实时培训，以求不断让员工掌握最新工作方法，提高工作能力与效率。

（二）新员工培训的内容

1. 企业文化培训

企业文化是企业组织成员共有的行为模式、信仰和价值观。为了使新员工了解和融入企业文化，企业应安排新员工接受企业文化培训。这种培训可以简单分为以下几个层面。

（1）精神层次。采用参观、观看录像带和讲授等培训方式，使新员工认识企业的目的、宗旨、哲学、精神、作风和道德标准。

（2）制度层次。采用讲授、讨论、解释员工守则和角色扮演等培训方式，使新员工熟悉企业规章制度、奖惩制度、考评制度、福利制度和待人接物态度。

（3）物质层次。了解企业内外环境，包括建筑物、部门和单位的地点和性质，以及企业的设备、品牌、声誉、标志和制服等。采用的培训方式有：带领新员工参观、听取讲授和讨论以上所列的相关事宜等。

2. 业务培训

业务培训是指认识企业的工作过程、部门的工作流程和员工自己岗位的职务。培训方法有参观、听取讲授、进行个案分析、模拟训练和角色扮演等。

除了上述的培训外，企业会指派一名“导师”协助新员工融入企业和部门，熟悉自己的工作岗位。导师可以是员工的直属上司，也可以是其他有经验的员工，以师带徒的形式，给予新员工具体、细致、有系统的指导和辅导。

二、培训的方法

根据旅游企业的实际状况和培训项目、培训对象的具体情况，选择灵活的培训方式，是保证培训取得预期成效的重要条件。究竟选择何种较为理想的培训方式，要综合考虑培训方法的效果、费用与侧重点，以提高素质为目的来加以考虑。

（一）知识性理论培训方法

这是受训者用较多的时间接受知识性理论的训练，是以增加知识和提高管理理论为目的的培训方法。主要分为如下几种。

1. 讲授法

讲授法是传统教育方法之一，也是目前最常用的培训方法。即由培训者对员工用讲授形式传播知识的一种方法，目的是使员工提高思维能力，获得社会知识，增强求知欲望，培养学习兴趣。

讲授法的长处是时间集中，讲课不易受干扰，传授的知识比较全面、系统，容易传输，且成本比较低。但由于讲授法主要采取单向沟通的方式，缺乏反馈和练习，容易显得枯燥。

为了提高讲授法的培训效果，应该注意以下几个方面：

（1）尽可能发挥投影仪、录像机、幻灯等多种形式的传播教具，将教学内容形象化、立体化，激发员工的学习兴趣；

（2）提倡启发式教学，在授课过程中充分利用提问技巧，保留一定的时间与员工沟通，以引起和集中兴趣，活跃气氛；

（3）语言要精炼，注意系统性和逻辑性，做到有条不紊、清晰易懂；

（4）注意理论联系实际，培养员工分析问题和理解问题的能力。

2. 讨论法

讨论法是由培训者提出讨论题，设定一定的限制条件，组织和引导员工开展讨论并给予指导，最终得出正确结论的培训方法。采用讨论法是成人教育的特色之一，对专业培训颇有益处：

（1）能促使员工开拓思维能力，容易活跃气氛。通过调动员工的积极性，便于把问题引向一定的深度，并集中大家的智慧提出解决问题的办法；

（2）通过员工的参与可及时了解员工对课程内容的兴趣和理解程度；

（3）讨论法能相对集中一段时间，起到在同样的时空中多培训一些人的作用。

但讨论法也有一些弊端：

（1）课堂有时不易控制，很容易在讨论中跑题，结果可能与培训者的初衷相去甚远；

（2）由于员工之间的差异性，在讨论发言中有可能出现不易引起其他人兴趣的情况。

因此，在采用讨论法时，应注意以下几点：

（1）应确定好讨论的主题，并紧紧围绕这一主题进行；

（2）培训者的水平与讨论的效果好坏关系密切，培训者要认真负责，具有较强的组织能力、引导性与总结性，并具有敏锐的现场观察能力与应变能力。

3. 案例讨论法

案例讨论法就是把在实际生活中已经发生过并记录下来的案例提供给员工进行剖析、研究，在讨论的基础上提出自己的见解，并要求有鲜明的论点和较为充分的论据。

案例讨论法的突出特点是注重启发和挖掘员工的分析、判断和决策能力，促使其运用新知识、新方法思考问题，达到借鉴经验教训、分析前因后果、提高处理问题能力的目的。案例研讨法是在静态中通过案例分析，使员工进入模拟的角色。其适用对象多为中层以上的管理者。采用案例研讨法应注意两个问题。

(1) 培训者要事先准备好案例材料，并注重案例的典型性、普遍性、实用性，不要在课堂上现编现想现讲，以免影响效果。

(2) 案例讨论法不像定量方法那样存在着单一的解法，而往往有许多种解法。这是由管理问题的特点所决定的，难以求得唯一的最优解。正因如此，应充分利用讨论的形式，使受训者畅所欲言，集思广益。既不要轻易地以某种解法作为最权威的唯一最优解，也不要争议讨论了半天，没有任何归纳总结，最后不了了之。

4. 角色扮演法

角色扮演法是让员工模拟实际情景，扮演各种角色进行训练的一种方法。这是一种趣味性很强的培训方法。培训者将员工在工作中存在的有代表性的问题总结提炼，让员工扮演某个与自己工作有关的角色，使其体验所扮演角色的感受与行为，从而改进和提高自己在职位上表现出的态度与行为。角色扮演法的适用对象一般为管理人员、服务员。

角色扮演法产生实效的关键在于角色互换和展开讨论。员工由于职位的不同，对工作的态度和感受、看待问题和提出的要求也就不一样。角色扮演法对于缩小相互间的差距，增进对对方情况的了解和沟通是有效的。例如，让饭店客房服务员、餐饮服务员及前厅服务员扮演客人时，就能更加深刻地体验客人的心理感受，认识到不良工作方法的害处。此外，角色互换还能消除员工之间及员工与管理者之间的某种隔阂。实践证明，角色扮演法是饭店融趣味性和实用性为一体的培训方法。

但角色扮演的效果好坏主要取决于培训者的水平。如果培训者能做出及时适当的反馈和强化，则效果相当理想，而且学习效果转移到工作情景中去的程度也高。角色扮演的培训费用较高，主要原因是这种培训只能以小组进行，人均费用会提高。

(二) 实践指导性培训方法

这是员工用较多时间接受实际操作的训练，主要以提高能力、技能为目的的培训方法。

1. 操作示范法

操作示范法是为了使员工了解和掌握工作的程序以及正确的操作方法，在工作现场或模拟的工作环境中利用实际使用的设备及材料进行边演练、操作边讲解的一种培训方法。操作示范法要求培训者认真准备，按照规定的程序和标准来训练。培训师在授课过程中不仅要口头指导，而且更多更重要的是必须亲自动手示范、辅导、纠正，这样，才有可能达到操作示范法的目的。

为了做好操作示范，就要求培训者认真备课和进行充分的物质准备。操作示范法的基本程序是讲授，先由培训者在培训现场向学员讲解操作理论和技术规范；然后是示范工作程序，按照岗位规定的标准、程序进行示范表演。为了使这种示范表演的每个环节都清晰可辨，可以合理分解示范工作步骤，对于其中的重点和难点反复强调示范。

2. 四步培训法

四步培训法是指把一项培训活动分为四个步骤，从而达到培训目标的方法。其特点是实践性强，培训者应用起来简便易行，员工容易掌握。如果培训目标是为了提高员工的能力、技能，这种方法最为有效。四步培训法的步骤包括如下内容。

(1) 讲解。讲述工作情况，解说操作要点，了解员工对该工作的认识，说明掌握操作要点的重要性，提高员工对培训的兴趣。讲解要有耐心，要清楚、完整，使用简洁术语，即员工能够当时就理解和接受的用语。

(2) 示范。用实例说明、示范工作程序。一次示范一个操作程序或要点，并注意示范操作程序中的各个环节动作。在示范中，要注意几点：时间把握应适当；进行一次完整的操作过程示范后，重点内容可反复示范；示范的动作不要太多，以免超过员工一次性接受的能力范围。在反复示范过程中，可随时提问，以检验他们的理解领会程度。在此基础上，对示范操作做要点总结。

(3) 实习。当员工认为已经初步理解了培训人员的讲解，并能够按操作程序完成时，可让员工自己实习操作。在员工实习时，培训者应注意观察，随时注意纠偏，尤其是操作的正确要领和关键细节，要反复提醒、反复询问。

(4) 辅导巩固。在员工已初步理解领会和基本掌握正确的操作要领后，培训者要注意巩固员工已取得的学习成果。对员工逐步减少辅导，鼓励其独立上岗操作，并耐心解答疑问，经常检查，确保员工完全领会和正确熟练地运用操作要领。

三、员工培训转移效果的评价

员工培训的转移是培训中最重要的步骤，也是许多培训项目忽视的步骤。员工培训效果的转移是指把培训的效果转移到工作实践中去，即工作效率提高多少、工作绩效改善多少等，这和培训目标息息相关。因此，正确评价培训的转移效果是最终衡量一次培训是否有效的关键。

评价培训的转移效果要注意以下几点：

（1）要取得相关职能部门的支持。

（2）评价工具要有较高的有效性。

（3）要有时间性。有的培训效果立竿见影，例如知识和技术的培训，可以在培训后立刻显现出来；而有的培训效果要在一段时间后才能有效，例如行为和态度的转变，或企业总体目标的达成。

（4）要真实。即使有的培训结果无转移，也要真实反映，这样才能吸取教训，以利于以后的改进。

由于培训的基本目的是使学员实现系统的行为变化，因此，只是在培训后进行成绩测定，不能全面地评价培训的真正作用和转移效果，用评价设计可以克服这一缺点。评价设计是指通过科学的设计，建立一定的条件，进行对有关培训转移效果的评价。较常用的方法有以下几种。

（一）时间序列评价法

这种方法是将时间因素列入考虑范围，背后的假设是：受训员工不管是否接受培训，本身也可能在改变。因此，旅游企业应对受训者在受训前和受训后作多次衡量，记录不同参考点的数据，以便比较。只要发现受训前的变化和受训后的变化出现显著差异，便能证明培训是有效的。

（二）培训前后控制法

有时候改变是全面的，即受训员工在改变，没有接受训练的员工也在改变，因此改变不一定来自培训。方案的设计将员工分成两组，这两组是以随机抽样选出来的，以证明两组原先并无特定差异。一组为控制组，一组为试验组，只有试验组接受培训。在培训结束后，再对两组进行衡量，比较衡量结果。当只有试验组改变而控制组没有改变时，才能证明受训员工的改变来自于培训效果的转移。

（三）训练后控制

由于衡量方法或内容本身有限制，导致员工在接受第一次衡量后，会加强他们应付类似衡量的能力。为避免产生这种不良后果，企业应在培训后进行衡量。接受衡量的对象仍分为试验组和控制组。当接受过培训的试验组的表现比没有接受培训的控制组的表现好时，就证明培训有效。

第三节　有效的培训系统

一、制订有效的培训计划

（一）培训计划的含义及分类

所谓培训计划是按照一定的逻辑顺序排列的记录，它是从组织的战略出发，在全面、客观的培训需求分析基础上做出的对培训时间（When）、培训地点（Where）、培训者（Who）、培训对象（Whom）、培训方式（How）和培训内容（What）等的预先系统设定。培训计划分为长期、中期和短期培训计划三种类型。这三种是一种从属包含关系。

长期培训计划一般指时间跨度为3～5年，甚至以上的培训计划。时间过长有些变数无法做出预测，时间过短就失去了长期计划的意义。长期培训计划的重要性在于明确培训的方向性、目标与现实之间的差距和资源的配置，此三项是影响培训最终结果的关键性因素，应引起特别关注。

中期培训计划是指时间跨度为1～3年的培训计划。它起到了承上启下的作用，是长期培训计划的进一步细化，同时又为短期培训计划提供了参照物。因此它并不是可有可无的。

短期培训计划是指时间跨度在1年以内的培训计划。制订短期培训计划需要着重考虑的两个要素是：可操作性和效果。因为没有它的点滴落实，组织的中、长期培训目标就会成为空中楼阁。

除非特别指明，我们一般所指的培训计划大多是短期培训计划，并且从目前国内组织的培训时间来看，更多的是某次或某项目的培训计划。

（二）培训计划的作用

从某种意义上讲，培训计划的作用就如同驾车外出旅行时常需要的道路指南。有了它，培训者就能够知道起点、终点，及所要经过地方的确切位置。否则，虽可出发旅行，但却无从得知去什么地方，或能否抵达目的地。

具体而言，培训计划给管理和控制带来的好处有五条：①它保证不会遗忘主要任务；②它清楚地说明了谁负责、谁有责任、谁有职权；③它预先设定了某项任务与其他任务的依赖关系，这样也就规定了工作职能上的依赖关系；④它是一种尺度，可用于衡量对照各种状态，最后则用于判断项目、管理者及各成员的成败；⑤它是用做监控、跟踪及控制的重要工具，也是一种交流和管理的工具。

（三）影响培训计划制订的因素

1. 员工的参与

让员工参与设计和决定培训计划，除了加深员工对培训的了解外，还能增加他们对培训计划的兴趣和承诺。此外，员工的参与可使课程设计更切合员工的真实需要。

2. 管理者的参与

各部门主管对部门内员工的能力及所需何种培训，通常较负责培训计划者或最高管理阶层更清楚，故他们的参与、支持及协助，对计划的成功有很大的帮助。

3. 时间

在制订培训计划时，必须准确预测培训所需时间及该段时间内人手调动是否有可能影响组织的运作。编排课程及培训方法必须严格依照预先拟订的时间表执行。

4. 成本

培训计划必须符合组织的资源限制。有些计划可能很理想，但如果需要庞大的培训经费，就不是每个组织都负担得起的。能否确保经费的来源和能否合理地分配和使用经费，不仅直接关系到培训的规模、水平及程度，而且也关系到培训者与学员能否有很好的心态来对待培训。

（四）制订培训计划步骤

1. 确定培训的目标和内容

要根据所分析的培训需求进一步明确培训的目标。总而言之，培训的目标一定要准，培训的内容一定要符合实际需要。

2. 选择适当的培训方法

关于培训方法，前面已经有所介绍。每种方法都有不同的侧重点，因此，必须根据培训对象的不同选择适当的培训方法。方法的选择除了要考虑人员特点外，还要考虑企业客观条件的可能性。

3. 制订培训计划表

制表的目的是明确培训的内容、时间、地点、方式、要求等，使人一目了然。同时也便于安排企业其他工作。

二、建立健全培训评估体系

（一）培训评估的含义

培训评估是依据组织目标和需求，运用科学的理论、方法和程序从培训项目中收集数据，以确定培训的价值和质量的过程。这一过程首先会涉及以下几个关键性问题。

（1）有没有发生变化。

（2）这种变化是否由培训引起。由于受训者培训前后的行为和态度变化，不仅仅取决于培训过程本身，还取决于组织环境的变化、培训期间个体的成长成熟、受训者对培训的认知等多种因素的复合作用。因此，必须设法从诸多变异中区分出培训本身的影响。

（3）这种变化与组织目标的实现是否有积极的关系。如果对这一问题不加以澄清，就无法了解培训重点是否和培训需要一致。

（4）下一批受训者完成同样的培训后，是否还能发生类似的变化。简单地说，就是培训的效果问题。用通俗的语言来讲，则是确定培训方案的推广应用价值一是仅仅局限于某个特殊群体，还是可以推而广之，可以应用到其他的群体和组织。

（5）用什么标准（效标）评价培训是否有效。

（6）用什么方法测量出受训者培训前后行为和态度的变化。

（7）需要通过什么样的实验设计来区分出培训产生的影响。

（二）培训评估的种类

1. 以评估的方式为分类标志可分为非正式评估和正式评估

一般而言，非正式评估是主观性的。换句话说，它往往根据“觉得怎样”进行评判，而不是用事实和数字来加以证明。非正式评估的优点有：不会给培训对象造成太大的压力；可以更真实准确地反映出培训对象的态度变化，因为这些态度在非正式场合更容易表现出来；可以使培训者发现意料不到的结果；方便易行，几乎不需要耗费什么额外的时间和资源。

正式评估往往具有详细的评估方案、测度工具和评判标准。正式评估的优点有：在数据和实施的基础上做出判断，使评估结论更有说服力。更容易将评估结论用书面形式表现出来，如记录和报告等。可以将评估结论与最初的计划比较核对。

2. 以评估的目的为分类标志可分为建设性评估和总结性评估

建设性评估是指以改进培训项目为目的，而不是以是否保留培训项目为目的的评估。它通常是一种非正式的主观的评估，可以帮助培训对象明白自己的进步，从而使其产生某种满足感和成就感。这种满足感和成就感在培训对象后一阶段的学习中将会发挥巨大的激励作用。

总结性评估是指在培训结束时，对培训对象的学习效果和培训项目本身的有效性做出评价而进行的评估。这种评估经常是正式的、客观的和终结性的，它只能用于决定培训项目的生死，而不能作为培训项目改进的依据；只能用于决定是否给培训对象某种资格，而无助于培训对象学习的改进。

3. 以评估进行的时间为分类标志分为即时评估、中期评估和长期评估

即时评估与培训刚结束时知识、技能和行为的改变有关，也就是说评估培训是否有效地交换了信息，如学员获得你传授的技能了吗？学员理解了对他们的要求了吗？

中期评估用来判断培训中所学知识、技能和行为在工作中是否已得到应

用，即学员、同事及其经理是否认为其行为、技能、态度因培训而发生了可喜的改变。

长期评估是评估培训对学员与组织的长期影响，通常比较困难，除非培训从一开始就与组织的运作相联系才有可能作出。内容是评估学员对组织确实做出了贡献了吗？或培训带来的变化到底有多大程度等。

（三）培训评估的作用与局限

1. 培训评估的作用

能为决策提供有关培训项目的系统信息，从而做出正确的判断。决策需要高质量和高可信度的信息，而评估是提供这些信息的最好手段。通过从评估获得的信息，有助于判断在特定的环境和条件下何种方案将能起到更大作用，也有助于决定时间跨度较长、投入资金较多的培训项目是否继续。

可以促进培训管理水平的提升。培训评估可以帮助培训者全程审视培训的各个环节，如培训需求的确定、培训目标的选择、培训计划的拟订、培训资源和时间的控制、培训形式的采纳、培训讲师的确定、培训环境的营造等。经此过程，有关各方可从中吸取经验教训，从而使培训需求确定更加准确、培训动员更加有效、培训计划更加符合实际需要、培训资源分配更加合理、培训内容与形式更加相得益彰、培训讲师更加符合需要，而且有利于及时对培训进行调整和纠偏。这样，组织培训工作就可不断跃上新台阶。

可使培训管理资源得到更广泛的推广和共享。通过培训评估，可促进有关各方关注与培训活动有关的资料，同时使培训对象更清楚自己的培训需求与目前水平的差距。从而增强其未来参加培训的愿望，进而间接促进培训的深入开展。

2. 培训评估的局限性

评估委托方往往要求评估者作出全面的总结，甚至提出改进方案，一旦产生与自己有关的利害关系，将使培训带有太多的主观感情色彩。

评估往往是由内部人员进行的，这些人员可能不愿报告方案的消极因素。有些组织甚至要求培训方案设计者自己进行评估，这就愈发加重这种倾向。虽有评估制度，却对其结果难以使用。评估虎头蛇尾，不了了之，如此评估无胜于有。

总之，对培训进行评估并不像想象中那么容易。一般而言，培训者不喜欢别人对其工作进行审查，如许多传统的审查方法只是填表格、文字汇报而不是解决问题。同时，由于缺乏有效的评估，会在某种程度上导致培训在许多组织活动中只能处于从属的、非战略性的地位。

（四）培训评估工作的标准

对于培训评估标准的研究，国内外应用得最为广泛的是最早由美国学者柯克帕特里克提出的培训效果四级评价模型。该评估模型将培训的效果分为四个层次。

（1）反应层。即学员反应，在员工培训结束时，通过调查了解员工培训后总体的反应和感受。

（2）学习层。即学习的效果，确定受训人员对原理、技能、态度等培训内容的理解和掌握程度。

（3）行为层。即行为改变，确定受训人员培训后在实际工作中行为的变化，以判断所学知识、技能对实际工作的影响。

（4）结果层。即产生的效果，可以通过一些指标来衡量，如事故率、生产率、员工流动率、质量、员工士气以及企业对客户的服务。

三、选择培训师

培训师对培训起着不可替代的主导作用，选择好培训师对培训来说事半功倍。一名优秀的培训师必须具备丰富的知识和经验、熟练的培训技巧、较好的表达能力和培训技巧。否则就有可能出现受训者对培训内容理解出现偏差的状况，使培训效果大打折扣。

对旅游企业来说，培训师主要分为企业内部和外部培训师两种。外部资源的主要优势是培训的专业水准、课堂氛围的有效掌控以及水平的稳定发挥；内部资源的主要优势是对企业经营、公司文化、业务环境的深入了解以及与学员的感同身受，因此我们不能简单地做出孰优孰劣的判断。重要的是根据课程目标和课程特点选择最为合适的资源。

就内部培训师而言，除了旅游企业培训部门中专门的培训人员之外，国外一些企业的经验表明，聘请各级管理人员担任培训教师是一种有效资源。

因为管理人员掌握了培训方法就会更加关心职工，与他们共同工作，帮助他们进步，从而获得他们的信任和拥护。

培训师培训是目前国内最先进的一种专门为企业管理者、培训师量身定做的一种培训模式。其培训功能在一个企业内部最大量的释放出来，使企业的每个管理员都能承担本部门的培训工作，使管理面与培训面重合，加强业务沟通，加强感情交流，强化凝聚力。让管理员从原有的模式中解放出来，以一种全新的形象与下级员工形成新的关系，打破原先呆板、僵硬的管理模式，充分体现人性化的管理理念，为企业铸造新的合作平台，建立新的管理机制。

而对于外部培训师的选择更应慎重。同样的教材，不同培训师来讲授，培训效果会截然不同。所以旅游企业在初选了某公司的培训课程后，就需要培训的组织者先进行试听，考察培训师的培训效果。如此一来，才能择优选定课程和培训师，以这样的方式来选择课程和培训师是比较稳妥的。

四、培训费用管理

培训是一种高效益的投资，其回报率高低与投入力度成正比。旅游企业在实施培训之前，要对培训进行成本一收益分析。通过会计的方法决定培训的经济收益。

（一）培训成本

培训不能忽视培训成本的问题，受训者不仅要支付接受培训的直接成本，比如说教材费，同时还承担了在不可支配的时间内脱离工作的、较高的机会成本；企业为组织成功的培训活动也要支付各种有形的和无形的成本。一般来说培训成本分为以下三部分。

（1）直接成本。给在职员工培训所花费的成本。如培训费、场地费等。

（2）机会成本。指员工参加培训而放弃正常工作给企业带来的损失。

（3）虚拟成本。当员工经过培训后确实能够胜任某岗位时，企业面临对该员工现有薪金的调整，那么薪金的差额也应计入对该员工培训整个过程中的成本之一。这部分成本不一定存在，因为培训后的员工不一定是企业所需要的，所以称这部分成本为虚拟成本。

（二）培训收益

培训收益分为短期收益和长期收益。短期收益体现为通过培训提高员工的工作效率；长期收益体现为员工能力、素质的改善和对企业发展的作用。

（三）培训收益率

培训的投资收益率是衡量培训效益数量的指标。可以用以下的公式来表示：

$$培训投资收益率=\frac{培训收益}{培训成本}\times 100\%$$

所以，旅游企业编制培训预算时，首先要回答以下问题，从而保证对培训的投入收到最大的效益。

（1）公司的目标是什么，培训要达到的目标又是什么？

（2）各项培训课题能获得什么收益，这项培训是不是必要的？

（3）可选择的培训方案有哪些，有没有比目前培训方案更经济、更高效的方案？

（4）各培训课题的重要次序是什么，从实现培训目标的角度看到底需要多少资金？

第四节　员工职业生涯规划与发展

在职业发展的过程中，人力资源规划、招聘和培训等人力资源管理活动起着十分重要的作用。比如，人力资源规划不仅可以预测企业中的职位空缺情况，而且能够发现潜在的内部候选人，并能够弄清楚为了使他们适应新职位的需要，应对他们进行哪些培训。另外，企业不仅能够运用定期的绩效考评来确定员工工资和薪金，而且可以发现员工的发展需要并设法使这些需要得到满足。换句话说，所有的人力资源管理活动不仅能够满足企业的需要，而且能够满足个人的需要。一方面，企业从更具有献身精神的员工所带来的绩效中获利；另一方面，员工则从工作内容更为丰富、更具挑战性的职业中获得收益。

一、职业经历理论

每个人的职业都要经过几个阶段，因此，必须了解这种职业周期的重要性。职业周期之所以重要，是因为一个人所处的职业阶段将会影响其知识水平以及对各种职业的偏好程度。一个人经历的主要职业阶段如下。

（一）成长阶段

成长阶段大体上可以界定为从一个人出生到14岁左右这一年龄阶段上。在这一阶段，个人通过对家庭成员、朋友以及老师的认同以及与他们之间的相互作用，逐渐建立起自我的概念。在这一阶段的一开始，角色扮演是极为重要的。在这一时期，儿童将尝试各种不同的行为方式，而这使得他们形成了人们如何对不同的行为作出反应的印象，并且帮助他们建立起一个独特的自我概念或个性。到这一阶段结束的时候，进入青春期的青少年（已经形成了对他们的兴趣和年龄的某些基本看法）就开始对各种可选择的职业进行某种现实性的思考了。

（二）探索阶段

探索阶段大约发生于一个人刚开始工作到25岁之间。在这一时期中，个人将认真地探索各种可能的职业选择。他们试图将自己的职业选择与他们对职业的了解以及通过学校教育、休闲活动和业余工作等途径所获得的个人兴趣和年龄匹配起来。在这一阶段的开始时期，他们往往做出一些带有试验性质的较为广泛的职业选择，试图通过变换不同的工作或工作单位而选定自己一生将从事的职业。这是年轻人就业初期试探职业生涯的必然趋势。处于这个年龄阶段的员工希望经常调换不同工作的愿望十分强烈，如在本单位得不到满足，则往往会跳槽，因此跳槽率高。从企业的角度来说，应该了解就业初期青年人的这一特点，给予其选择职业方面的引导，并努力为他们提供多种工作，特别是具有挑战性又能引起他们兴趣的工作机会和他们自我探索的机会。然而，随着个人对所选职业以及自我的进一步了解，他们的这种最初选择往往会被重新界定。到这一阶段结束时，他们已经选定一个比较恰当的职业，并作好开始工作的准备。

人们在这一阶段上以及以后的职业阶段上，需要完成的最重要的任务是对自己的年龄和天资形成一种现实性的评价。类似地，处于这一阶段的人还必须根据来自各种职业选择的可靠信息作出相应的学习决策。

（三）确立与发展阶段

这一阶段大约发生在一个人的25～44岁，是大多数人工作生命中的核心部分。有些时候，个人在这段期间（通常是希望在这一阶段的早期）能够找到合适的职业并随之全力以赴地投入到有助于自己在此职业中取得永久发展的各种活动之中。人们通常愿意（尤其在专业领域）早早地就将自己锁定在某一已经选定的职业上。然而，在大多数情况下，在这一阶段人们仍然在不断地尝试与自己最初的职业选择所不同的各种努力和理想。

这一阶段本身又由三个子阶段构成。

1. 尝试子阶段

大约发生于一个人的25～30岁这一年龄段中。在这一阶段，个人确定当前所选择的职业是否适合自己，如果不适合，他或她就会准备进行一些改变。

2. 稳定子阶段

到了30～40岁这一年龄段上的时候，人们就进入了稳定子阶段。在这一阶段，人们往往已经定下了较为坚定的职业目标，并制定较为明确的职业计划来确定自己晋升的潜力、工作调换的必要性以及为实现这些目标需要开展哪些教育活动，等等。

3. 职业中期危机阶段

在30～40岁的某个时段上，人们会进入一个职业中期危机阶段。在这一阶段，人们往往会根据自己最初的理想和目标对自己的职业进步情况做一次重要的重新评价。他们可能会发现，自己并没有朝着自己所梦想的目标靠近，或者已经完成了他们自己所预定的任务之后才发现，自己过去的梦想并不是自己所想要的全部东西。在这一时期，人们还有可能会思考，工作和职业在自己的全部生活中到底占多大的比重。通常情况下，在这一阶段的人们第一次不得不面对一个艰难的抉择，即判定自己到底需要什么、什么目标是可以达到的，以及为了达到这一目标自己需要做出多大的牺牲。

（四）维持阶段

这一阶段的年龄一般在45～60岁。处于这一阶段的员工，尚有出成果和发展的可能，但相对来说，他们对成就和发展的期望减弱，希望维持或保留自己已取得的地位和成就的愿望则加强。同时，他们也希望更新自己专业领域的知识或技能，以免遭裁员，或者便于在被裁员时另谋出路。大多数处于这一阶段的员工，都有自己的计划，一方面希望再出一些成果，但更多的则注意更新自己的知识和技能或学习其他领域的知识技能。从组织的角度看，则更要关心并提供有利于他们更新知识、技能或学习其他新领域知识、技能的机会。

（五）下降阶段

这一职业阶段的年龄一般指60岁以后的员工。我国男性员工的退休年龄一般在60岁左右，在西方，例如在北美则一般在65岁左右。在这一阶段，许多人都不得不面对这样一种前景：接受权力和责任减少的现实，学会接受一种新角色，学会成为年轻人的良师益友。再接下去，就是几乎每个人都不可避免地要面对的退休。这时，人们所面临的选择就是如何去打发原来用在工作上的时间。

二、职业计划

近年来，西方一些开拓型的企业在人力资源管理与开发中出现了一种新的功能和新的方法——职业计划。企业越来越多地强调为员工提供帮助并提供机会，以使他们不仅能够形成较为现实的职业目标，而且能够实现这一目标。

职业计划包含两方面的内容。

第一，组织中的绝大多数员工，其中包括受过良好教育的员工，都有从自己现在和未来的工作中得到成长、发展并获得满意结果的强烈愿望和要求。为了实现这种愿望和要求，他们不断地追求理想的职业，并希望在自己的职业生涯中得到顺利的成长和发展，从而制定了自己成长、发展和不断追求满意的职业计划。

第二，在广大员工希望得到不断成长、发展的强烈要求的推动下，企业人力资源开发部门为了了解员工个人成长和发展的方向及兴趣，为了不断增强他们的满意感，并使其能与企业组织的发展和需要统一协调起来，开发了一个新功能——职业计划。从企业组织的角度来看人力资源开发部门制定协调员工个人成长和发展与组织需求和发展的计划就称为职业计划或职业管理。而员工个人有关自己希望从职业生涯的经历中不断得到成长和发展的计划，就称为个人职业计划。一般来说，一个企业组织会对个人的职业计划提出指导，而员工也希望在听取组织的意见下制订职业计划。

职业计划一般包括如下几个方面的内容。

（一）员工对自己能力、兴趣以及职业发展的要求和目标进行分析和评估

以前，不少员工，特别是文化知识水平较低的员工在寻找工作时，没有认真地对自己的能力、兴趣以及自己职业发展的要求和目标进行过分析和评估，而是盲目地寻找工作或就业。我们称这种人为“人生随波逐流者”。然而，也有不少员工，特别是受过良好教育的员工，无论是在经济发展状况较好、就业较容易的时期，还是在经济萧条、难于就业的情况下，都重视寻找既具有挑战性而自己又有兴趣的工作，即使是暂时未能如愿，他们也会按自己已定的发展要求和目标不断而又有计划地去追求。这种追求是建立在对自己的能力、兴趣、人生发展需求和目标进行科学的分析和评价的基础上的。对自己上述方面的分析和评价不是一劳永逸的事情，而是较长时期地进行自我解剖、自我分析的不断往返的过程。根据西方有关研究人员研究调查的情况，每位员工，特别是刚踏进工作岗位的员工，可以对自己提出一系列的问题，以便从对这些问题的回答中分析自己的能力、需求、爱好，以制定出符合自己能力、需求、爱好和人生发展需要的职业计划。

（二）组织对员工个人能力和潜能的评估

企业组织能否正确评价每个员工个人的能力和潜能是人力资源计划制定和实施的关键。它对组织合理地开发、引用人才和个人职业计划目标的实现都有极其重要的作用。企业组织对员工个人能力与潜力进行评估的方法有很多，例如：

(1) 从招聘员工的过程中收集有关的信息资料。这些信息资料包括能力测试、员工填写的有关教育、工作经历的表格以及人才信息库中的有关资料。

（2）收集有关目前工作岗位上员工表现方面的信息资料，包括工作绩效考评资料、员工晋升、推荐或工资提级等方面的情况。

就企业组织来讲，大都通过对员工工作的绩效考评这一传统的方法来对员工的能力和潜力进行评估。当然，这种传统方法是建立在“从过去的表现可以看到目前的表现，而从过去和目前的表现则可以预测出未来的表现”的传统观念基础上的。其实，这种方法存在着很多问题，甚至会造成很多失误。

第一，工作绩效考评不可能真正地评估出一个人的能力和潜力。因为在工作绩效考评中往往会因评估人的偏爱或歧视，以及考评体系的局限而造成效度或信度低。

第二，即使通过工作评价，发现某些员工在目前自己的工作岗位上干得不错，也无法确认他具有能力和潜力去从事更高或更复杂的工作。同样，也不能说明，某些在目前工作上干得不理想的员工就不能胜任更高级、更复杂的工作。因此，这种传统的考评方法已受到了严峻的挑战。

西方许多企业组织从 20 世纪 70 年代起，逐渐采取更为科学的“心理测试和评价中心”的方法来测评员工的能力和潜力，这两种方法已在西方得到了广泛的采用。西方国家的许多大企业组织都设有自己的一个能力和潜力测评中心，都有一支经过特别培训的测评人员队伍，通过员工自我评估以及测评中心的测评，能较确切地测评出员工的能力和潜力，对员工制定自己切实可行的职业计划具有重要的作用。

（三）企业组织提供在本组织内公平竞争的机会

从员工的角度讲，要想制订切实可行的职业发展计划，就必须获得组织内有关职务选择、职务变动和空缺的工作岗位等方面的信息。同样，从企业组织的角度来说，为了使员工的个人职业计划目标定得实际并有助于其目标的实现，必须注意公平地将有关员工职业发展方向、职业发展途径以及有关职位候选人在技能、知识等方面的要求，利用企业内部报刊、公告或口头传达等形式，及时地传递给广大的员工，以便对该职位感兴趣又符合自己职业发展的员工进行公平的竞争。职业发展就是员工能有逻辑性地从一个工作岗位转移到另一个更高、更复杂、对其更有吸引力的工作岗位上去。

企业员工职业发展途径，或职务变动或升迁的方法是从低级到高级逐步上升，如：饭店前厅接待—领班—主管—大堂经理—前厅经理等。而现代的职业发展计划的职务升迁则打破了这种阶梯式的传统方法，它既允许有能力、有潜力的年资较浅的员工进行跳跃式的升迁，也允许横向性的升迁。当然，空缺的岗位总比要求职业发展、职位升迁的人少。因此，从组织角度来说，不能只依赖于空缺的岗位，而要创造更多的岗位或新的职位，让更多的员工的职业计划目标得以实现。同时，要严格地根据公平竞争的原则、公平合理的测评方法选拔人才。

（四）提供职业咨询

企业组织的人力资源开发部，以及各级管理人员要切实关心每个员工的职业需要和目标的可行性，并要给予他们各方面的咨询，以便使每个员工的职业计划目标切实可行，并得以实现。从咨询人员来说，要搞好咨询或指导，就要切实地了解信息，从各方面的信息资料分析中对员工的技能和潜能做出正确的评价，并在此基础上，对他们的职业计划目标实现的道路或途径提出建议或指导。在西方企业员工职业计划咨询中，员工往往会向其上司或人力资源开发部门的人员进行咨询，提出类似于下面的一些问题：

(1) 我现在掌握了哪些技能？我的技能水平如何？我如何去发展和学习新的技能？发展与学习哪方面的新的技能为最可行、最好？

(2) 我在目前工作岗位上真正的需要是什么？如何才能在目前的工作岗位上既达到使上司满意，又使自己满意的程度？

(3) 根据我目前的知识与技能，我是否可以或可能从事更高一级的工作？

(4) 我下一步朝哪一个职位发展为好？如何去实现这个目标？

(5) 我的计划目标定得是否符合本组织的情况？如我要在本组织实现我的职业计划目标的话，我应接受哪方面的培训？

当然，各级管理人员和人力资源开发部门的工作人员，作为为企业员工制定职业计划并实现其目标的咨询人员，应协助员工回答上述一系列问题。在咨询过程中，要在对过去技能和潜力进行正确评估的基础上，根据本组织的实际要求和可能，协助其制定出切实可行的职业计划，并对其职业计划目标的实现途径进行具体的指导和必要的支持。

第六章　旅游企业薪酬制度的设计与管理

第一节　概述

一、薪酬的概念

薪酬是指企业对为其目标的实现付出劳动的员工的一种回报或酬谢，其本来意义是指组织对员工的劳动给予承认、回报以及褒奖。在市场经济条件下，人们对于薪酬的认识不断加深，薪酬的内涵也不断丰富。总的来说，企业支付给员工的薪酬通常包括经济薪酬和非经济薪酬两类。经济薪酬是指可以直接或间接地用货币加以度量的薪酬形式，包括直接经济薪酬与间接经济薪酬，例如工资、奖金、津贴等就属于直接经济薪酬的范畴。而企业为员工所提供的公共设施、福利保障等则可归入间接经济薪酬之列。非经济薪酬是指由企业提供给员工的除经济薪酬以外的各种与员工工作或工作环境相关的精神感受与物质待遇的改观。

二、薪酬制度的重要性及其功能

薪酬问题几乎关系着现代社会中每一个人的利益，它不仅是一个分配问题，更是一个生产问题；它既涉及到财富的使用，又涉及到财富的创造。薪酬制度对于个人的重要性是不言而喻的。一个民意调查组织在研究过去 20 年的数据后发现，在所有的工作分类中，员工们都将工资与收益视为最重要或次重要的指标。支付最高工资的企业最能吸引并且留住人才，尤其是那些杰出的员工。

薪酬会带来更高的满意度和较低的离职率，然而，高薪并不能保证留住最好的员工。要保证留住最好的员工，公司还要对不同的绩效支付有差别的工资，并且这种差别必须足够明显。如果这种差别不够明显，表现优秀的员工在将自己的投入产出比率同较差的员工相比时，就容易有待遇不公的感觉。一个结构合理、管理良好的绩效付酬制度，应能留住优秀的员工，淘汰表现较差的员工。

对员工个人而言，他们希望自己的付出可以获得一些外在薪酬，如晋升、薪水、福利、津贴、奖金和股票期权等，同时，他们也希望得到内在薪酬，如对工作的胜任感、成就感、责任感、受重视，有影响力、个人成长和富有价值的贡献等。员工会通过评估上述两类薪酬，来判断他们的努力是否得到了组织的充分回报。员工个人和企业都倾向于注重外在薪酬，因为这类薪酬比较容易定性、衡量和在不同个人、工种和组织之间进行比较。相反，内在薪酬是难以进行清晰的定义、讨论、比较和谈判的，对内在薪酬不足这一问题，企事业单位常用加薪来补偿，但加薪只能缓解这种冲突，并不能从根本上解决这一问题。有证据表明，内在薪酬和外在薪酬是同等重要的，并不能互相替换。从事单调、重复性工作的高收入员工，容易因缺乏精神鼓励而不满；类似的，从事有趣的、富有挑战性工作的低收入员工，也会因缺乏物质薪酬而不满。

因此，一个良好的薪酬制度对于企业来说非常重要，它的功能主要表现在以下方面。

（一）保障功能

员工通过劳动取得的薪酬不仅要维持自身的衣食住行等基本需要，保证自身劳动力的生产，还要利用部分薪酬学习进修、养育子女，实现劳动力的增值再生产。因此，员工的薪酬状况是保证企业人力资源生产和再生产的基本因素。

从薪酬系统的保障功能出发，企业必须保证员工的基本收入权利不受侵犯，即无论企业怎样扣减工资，都不能使员工所获工资低于当地政府规定的、起保障作用的最低工资标准线。

（二）激励功能

薪酬不仅是员工物质条件的决定因素，而且还是代表一个人社会地位的重要因素，是满足员工多种需要的经济基础。因此，薪酬公平与否直接影响着员工的积极性。公平、合理的薪酬分配，有助于调动员工的积极性；反之则会挫伤员工的积极性，从而丧失薪酬的激励功能。

特别要强调的是，精神和社会地位的满足是一种高层次的满足，对企业员工而言，薪酬可以在一定程度上起到这种满足作用。例如，高收入是员工工作业绩的显示器，它反映了员工的工作水平和工作能力，显示了员工在企业组织中的相对地位和作用。另外，薪酬也是一种晋升和成功的信号，员工薪酬的提高，表明其工作业绩得到企业的认可，或者其在企业中地位的上升，使员工产生满足感和成就感，从而激发员工更大的工作热情。因此，企业不同职位或不同员工的薪酬应适当拉开差距。

（三）调节功能

薪酬差异是人力资源管理流动与配置的重要“调节器”。在一般情况下，企业一方面可以通过调整内部薪酬水平来引导内部人员流动；另一方面，则可以利用薪酬的差异从企业外部吸引急需人才。

（四）凝聚功能

合理的工作制度和工资水平可以使员工有一种安全感和对预期风险的心理保障意识；从而增强对企业的信任感和归属感；反之，不合理的工作制度和工资水平，则使员工产生不公平和不信任的感觉，影响员工积极性的发挥。因此，企业可以通过制定公平、合理的薪酬调动员工的积极性，激发员工的创造力，使员工体会到对自身的关心和对自我价值的认可，从而增加对企业的情感依恋，自觉地与企业同甘共苦，为自身的发展和企业目标的实现而努力工作。

三、企业基本薪酬制度介绍

（一）基本薪酬制度的含义

基本薪酬制度，也称薪酬等级制度，就是根据劳动的复杂程度、繁重程度和责任大小等因素划分等级，按等级规定薪酬标准的准则和方法。我们可以从四个方面来理解。

（1）薪酬都是分等级的，基本薪酬制度就是对薪酬应如何划分等级所制定的规范。

（2）划分薪酬等级的依据是各种不同劳动所共同具有的基本要素，即劳动的复杂程度、繁重程度、责任大小和劳动条件的差异。

（3）根据对不同劳动因素的分析比较，对劳动者的劳动划分高低不同的劳动等级（工作等级）。

（4）根据劳动者从事的劳动等级，给劳动者规定相应的薪酬等级和薪酬标准。

（二）基本薪酬制度的职能

基本薪酬制度主要有以下四种职能。

1. 基本薪酬制度是各种薪酬形式的基础

不论企业实行的是计时薪酬还是计件薪酬，其核算过程的依据是薪酬等级标准。奖金与薪酬标准之间也存在一定的比例关系。另外，员工薪酬的定级、升级都以薪酬等级为依据。

2. 基本薪酬制度是调整薪酬关系的重要手段

基本薪酬制度是薪酬分配的基本制度，规定着员工薪酬的主要部分，也规定了部门之间、企业之间、工种之间和员工之间的薪酬关系。

3. 基本薪酬制度影响和制约着福利保险待遇水平

按照现行的各种规定，相当多项目的个人与集体的福利保险待遇，是以员工的基本薪酬水平为依据计算支付的。由此，基本薪酬不仅自身体现劳动者的工作价值和生活水准，还全方位地影响员工的就业待遇。

4. 基本薪酬制度是制订薪酬计划的重要依据

对于以员工人数为基础决定薪酬总额的企业，薪酬标准是薪酬总额的基础，企业根据定员标准和薪酬标准来计算薪酬总额和平均水平，编制薪酬计划。而对于实行薪酬总额同经济效益挂钩的企业，薪酬标准也是核定薪酬总额基数的重要依据。

（三）基本薪酬制度的特点

基本薪酬制度主要有以下三个特点。

1. 基本薪酬从劳动质量方面规定薪酬等级

基本薪酬制度主要从劳动的质量方面来反映和区分劳动的差别，并相应地按这种区别规定薪酬等级。在计量劳动质量时，基本薪酬体现的是各等级之间的劳动质量差别，而不是个人之间的劳动质量差别。这种区别只是劳动的标准状态高低的比较，而不是实际劳动消耗的衡量。因此，在计算薪酬时，基本薪酬制度必须与一定的薪酬形式相结合，才能确切地将薪酬和实际劳动有机地结合起来。

2. 基本薪酬规定的是标准薪酬

基本薪酬是员工在完成法定工作时间和劳动定额标准时支付的薪酬。它反映着国家一定时期的社会生产力水平和国家的经济状况，具有相对的稳定性。

3. 基本薪酬制度的具体形式与企业的生产特点紧密相关

采用何种形式的薪酬等级制度，必须要考虑企业的劳动特点和工作性质，能够真正体现员工的劳动价值。因此，不能强求基本薪酬制度的一致性，而应注重各种薪酬制度的适用性。

（四）基本薪酬的类型

按照确定劳动者薪酬等级依据的不同，现行的基本薪酬制度可归结为五种类型。

1. 年资型基本薪酬制度

在这种类型的基本薪酬制度中，确定劳动者薪酬等级的主要依据是年龄和连续工龄。具体做法是：员工的基本薪酬的主要部分随员工的年龄和企业的工龄增加而增加，增加的标准是预先规定的年资薪酬序列表。年资型基本薪酬制度的特点是：

（1）基本薪酬主要由年龄、工龄和学历等因素决定，与劳动质量没有直接联系；

（2）薪酬标准由企业自定，每年随员工生活费用、物价和企业的支付能力变动；

(3) 考虑到员工衣、食、住、行等方面的需要，除基本薪酬外，还相应地设立奖金、津贴和补贴，并且在考虑员工本人的生活需要外，还要适当考虑员工家属的生活需要；

(4) 基本薪酬是计算退休金和奖金的基础。

2. 职能型基本薪酬制度

在职能型基本薪酬制度下，确定劳动者薪酬等级的主要依据是按照技术等级标准或业务等级标准评估确定的技术等级或业务等级，其核心薪酬因素是员工能力。这是一种能力型的薪酬制度。

职能型基本薪酬制度的优点是：

(1) 以劳动者的技术业务水平或个人的特质为基础确定薪酬结构，以个人的能力水平确定薪酬等级，解决了因没有高等级职位而使高能力者利益受到影响的问题；

(2) 按能力确定薪酬，可以保证人事安排的灵活性。

但当人员所从事工作的难度和重要性与其能力不相称时，这种薪酬制度难以实现同工同酬的原则。

3. 职位型基本薪酬制度

职位型基本薪酬制度是战后以美国为代表的西方工业化市场经济国家广泛采用的一种薪酬制度。其决定薪酬等级的唯一依据是所任职的职位，并且是不以任何个人的特质为转移。职位型基本薪酬制度的优点是：

(1) 以实际工作内容为基础确定薪酬结构，以劳动者所从事工作的难度和重要性来确定薪酬等级，使员工能体会到同工同酬的原则；

(2) 完全撇开个人的资格。而资格的价值只能在安排工作时得到相应的体现；

(3) 职位职能清晰，使责、权、利有机结合起来。

4. 绩效型基本薪酬制度

绩效型基本薪酬制度是一种主要依据员工工作业绩来明确薪酬等级的特殊的基本薪酬制度，其核心薪酬因素是员工业绩。其方法是：企业通常只能以工作业绩为依据确定提成率（或分配率）标准，即员工在业绩达到某一水平的前提下，按一定比例提成，而没有具体的薪酬等级细目。有的企业在提成比例之前还加一个基本薪酬作为员工基本生活的保障。绩效型基本薪酬制度的好处是：

(1) 员工按事先制定的标准和工作业绩获取薪酬，薪酬的多少直接跟业绩相联系；

(2) 没有复杂的薪酬等级制度和计算依据，操作较为简便。

但当提供给员工的工作条件或环境有差异时，怎样通过提成比例（或分配率）标准来调节，往往是企业面临的一道难题，而且是怎样做到从事相关职位的机会均等，也是绩效型基本薪酬制度得以有效贯彻的关键。

5. 复合型基本薪酬制度

复合型基本薪酬制度是利用不同薪酬单元组合而成的一种基本薪酬制度，其核心薪酬因素决定于薪酬作用的目的。在这种基本薪酬制度下，员工的基本薪酬通常由发挥不同功能作用的若干薪酬单元共同构成。例如，在结构薪酬制中，员工的基本薪酬通常包括五个部分，即起保障功能的基础薪酬、明确员工工作资历的工龄薪酬、认可员工学历层次的学历薪酬、反映员工工作业绩的绩效薪酬以及体现员工工作职位要求差异的职位薪酬等。复合型基本薪酬制度的优点如下。

(1) 功能全面。不同的薪酬单元可以反映员工不同方面的实际情况；

(2) 较为客观。基本薪酬即反映了工作职位的要求，又体现了员工的客观工作结果，还兼顾了员工知识能力方面的因素。

但复合型基本薪酬制度的制定较为复杂，正是因为其欲面面俱到，所以，如何通过各相关因素的权衡以实现员工薪酬的公平，便成了复合型基本薪酬制度建立与完善的难点。

第二节　薪酬制度的建立

一、企业薪酬形式

企业薪酬形式是员工实际劳动付出量和相应劳动报酬所得进行具体计算与支付的方式。薪酬形式有计时、浮动、津贴、劳动分红等几种类型。每一种形式在体现劳动差别和反映按劳分配方面均有其独特的功能，同时也有其不足的地方。下面对四种形式作简要介绍。

（一）计时薪酬

计时薪酬是按员工个人的工资标准和工作时间的长短来支付工资薪酬的形式。计时薪酬的构成要素有两点：

（1）员工所付出的实际有效劳动时间；

（2）计算劳动量与相应报酬量的技术标准。

计时薪酬的形式有小时薪酬、日薪酬和月薪酬三种。计时薪酬制有着简单易行、适应性强、适应范围广等优点，但它又存在着明显的局限性，它难以准确反映实际劳动量的变化，因而劳酬不符的现象在所难免。

（二）浮动薪酬

浮动薪酬是指一种将员工的劳动报酬与企业经营业绩以及员工劳动贡献大小紧密联系起来，并随之上下浮动的薪酬形式。浮动薪酬的构成要素有三点：

（1）员工劳动报酬的一部分或全部是浮动的而不是固定不变的；

（2）薪酬浮动的直接依据是员工本人的劳动贡献大小；

（3）薪酬浮动还取决于企业的经营状况。

浮动薪酬改变了完全按照参考薪酬标准发放等级标准薪酬的办法，将员工标准薪酬和奖金、津贴捆在一起，依据员工劳动贡献大小和本单位经营状况的好坏考核浮动发放。这一做法把员工的劳动报酬与其本人的劳动成果和本单位的经济效益更直接、紧密地联系起来。因而，它不但能体现不同员工之间的劳动差别，体现同等级之间和员工本人不同时期的劳动差别，比较准确地反映出员工实际付出的劳动量，而且还能体现本单位不同时期，由于经营状况的变化对员工薪酬的影响，从而更好地贯彻按劳分配的原则。

（三）津贴

津贴是为了补偿员工在特殊条件和工作环境下的额外劳动消耗和生活费用额外支出而建立的一种辅助性薪酬形式。实行津贴制度，对于补偿员工劳动力的额外支出，维护在艰苦恶劣条件下工作的员工的健康，保证员工的实际生活水平不降低，提高在艰苦条件下工作的员工的积极性，稳定员工队伍，促进生产发展等方面，具有重要意义。

（四）劳动分红

劳动分红又称“利润分红”，是指企业每年年终时，从所获得的利润中按预定的比例提取“分红基金”，按照员工的劳动成果，以红利形式分配给个人的劳动收入。劳动分红是对企业年终利润的分配，属于企业内部的二次分配，是对日常薪酬形式的一种有效的补充分配形式。

二、影响企业薪酬水平的因素

影响薪酬水平的因素包括内部因素和外部因素两大类，它们对薪酬水平的影响是不同的。

（一）影响薪酬水平的内部因素

1. 企业的发展阶段

企业在不同的发展阶段，不同的战略，使企业有不同的盈利能力。因此，企业的薪酬水平也会受其影响。例如：企业在启动阶段往往采用低工资、高奖金、低福利的薪酬制度；企业在稳定阶段，往往采用高工资、低奖励、高福利的薪酬制度。

2. 企业的经营状况

企业的经营状况直接影响着员工的薪酬水平。经营好的旅游企业，其薪酬水平较稳定且每年有较大的增幅，而那些经营业绩较差的旅游企业，其薪酬水平相对较低且没有保障。

3. 企业文化

企业文化与企业的价值观紧密相连。企业文化不同，必然导致制度的不同。这些不同决定了企业的薪酬水平。例如：有的企业推崇个人英雄主义，因此薪酬差别很大；有的企业提倡集体主义，因此薪酬差别小；有的企业鼓吹冒险性，因此，工资很高，福利较差；有的企业提倡安全性，因此，工资较低，但福利较好。

4. 人才价值观

人才价值观的不同会直接导致薪酬水平的不同。比如，各旅游企业对“是否支付高薪才能吸引最优秀的人才”“是否要重奖优秀的人才”的回答不同，薪酬水平是完全不一样的。

5. 工种

工种与企业的人力资源市场有关，不同工种，薪酬水平是不同的。例如，做销售的往往工资低，但奖金高；财务经理往往工资高，但奖金低。

6. 员工的工龄

一般来说，员工的工龄越长，工资就越高，福利也越好，主要是因为工龄长意味着对企业的贡献多。

7. 工作技能

如今科技进步，资讯发达，企业竞争已从传统的产品战演变成为营销战等全面性的竞争。旅游企业之争更是人才之争，掌握关键技能的人，已成为企业竞争的利器。这类人才成为企业高薪聘请的对象。竞争激烈，使得企业愿意支付高薪给两种人：一种是掌握关键技术的专才，第二种则是阅历丰富的通才。员工应把握各种机会丰富自己的阅历，在参与各项工作中，均应尽心尽力，善于学习，充实自己本业以外的知识与技术。

（二）影响薪酬水平的外部因素

1. 法规政策

政府的许多法规政策影响薪酬水平。例如：对员工最低工资的规定，员工的所得税比例。另外，不同时期国家的经济政策会有所不同，有时刺激消费，有时为抑制通货膨胀则冻结工资。

2. 地区及行业差别

旅游企业与其他企业一样，一般而言，地区经济发展水平高，薪酬水平会普遍较高，而企业规模大、人均占有资本投资比例高的行业中，人均薪酬水平也会比较高。

3. 劳动力市场

劳动力市场和企业薪酬水平关系十分密切，劳动力市场上供求状况的变化，影响员工薪酬水平的变化。当劳动力供过于求时，员工就会接受较低的薪酬水平；当劳动力供不应求时，企业就要提高员工的薪酬水平。而本行业的其他企业，尤其是竞争对手的薪酬水平对组织确定员工薪酬水平影响很大。

4. 当地通行的收入水平

人们总是在做各种横向比较，尤其是与当地就业者的收入水平作比较，同一行业在不同企业的收入不能相差太多，否则收入低的企业就不稳定。

5. 企业所有制

由于各种原因，一般来说，企业所有制对企业的薪酬水平也有一定影响。例如：外资企业的员工工资会相对高，而福利会相对低一点；国有企业的员工工资会相对低一点，而福利会相对高一点。

6. 当地的生活指数

由于薪酬系统与员工的生活息息相关，因此，当地的生活指数较高时，企业内员工的薪酬也会相应提高。反之，当地的生活指数较低时，企业内员工的薪酬也会相应降低。

7. 商会与工会的力量

某一地区某一行业的工资水平，往往是商会（业主或经理的联合）与工会谈判的结果。商会势力大，工资可能被压低，工会势力大，工资可能会提高。

三、薪酬设计的原则

（一）公平原则

公平是薪酬设计的基础，只有在员工认为薪酬设计是公平的前提下，才可能产生认同感和满意度，才可能产生激励作用。企业员工对薪酬分配的公平感，也就是对薪酬发放是否公正的判断与认识，是企业管理者在设计薪酬制度和进行薪酬管理时，需要首先考虑的因素。薪酬的公平性可以分为三个层次。

1. 外部公平性

外部公平性指同一行业或同一地区或同等规模的不同企业中类似职务的薪酬应当基本相同，因为他们的知识、技能与经验的要求相似，他们的各自贡献也相似。

2. 内部公平性

内部公平性指同一企业中不同职务所获薪酬应与各自的贡献成正比例。

只要比值一致，便是公平的。

3. 个人公平性

涉及同一企业中占据相同岗位的人所获薪酬之间的比较。为了保证企业薪酬制度的公平性，管理者要注意下列几点：

(1) 企业的薪酬制度要有明确一致的原则作指导，并有统一的、可以说明的规范作依据。

(2) 薪酬制度要有民主性与透明性。当一般职工能够了解和监督薪酬政策与制度的制定和管理，并能对政策有一定参与和发言权时，猜疑与误解便易于消除，不平感也会显著降低。

(3) 领导要为职员创造机会均等、公平竞争的条件，并引导职员把注意力从结果均等转到机会均等上来（如果机会不均等，单纯的收入与贡献比相等，并不能代表公平；实际上机会大者占了便宜，而机会小者吃了亏）。

（二）激励原则

即要在内部各类、各级职务的工资水准上适当拉开差距，真正体现按劳分配的原则。对旅游企业来说，通过薪酬系统来激励员工的责任心和工作积极性是最常见和最常用的方法。一个科学合理的薪酬系统对员工的激励是最持久也是最根本的激励。因为，科学合理的薪酬系统解决了人力资源所有问题中最根本的分配问题。

简单的高薪并不能有效地激励员工，一个能让员工（或团队）有效发挥自身能力和责任的机制，一个能让企业业绩在员工努力之下变得欣欣向荣的机制，一个努力得越多、回报就越多的机制，一个不努力就只有很少回报甚至没有回报的机制，才能真正解决企业的激励问题。

（三）竞争性原则

这是指在社会上和人才市场中，企业的薪酬标准要有吸引力，这样才能战胜其他企业，招到所需人才。旅游企业要想获得具有竞争力的优秀人才，必须制定出一套对人才有吸引力并在行业中具有竞争力的薪酬策略。那么，究竟应将本企业摆在市场价格范围的哪一段，当然要视本企业财力、所需人才的获得性的高低等级具体条件而定；要有竞争力，薪酬水平至少不应低于市场平均水准。

（四）经济性原则

提高企业的薪酬水准，固然可以提高其竞争性与激励性，但同时不可避免地导致人力成本的上升。所以，薪酬制度不得不受经济性的制约。不过企业管理者在对人力成本进行考察时，不能仅看工资水平的高低，而且要看职员绩效的质量水平。事实上，后者对企业产品的竞争力的影响，远大于成本因素。此外，人力成本的影响还与行业的性质及成本构成有关。旅游行业属于服务业，而服务业算是劳动密集型行业，在劳动密集型行业中，有时人力成本在总成本中的比重可高达 70%，这时人力成本确有牵一发而动全身的效果，这时企业管理者所考虑的因素不仅仅是薪酬系统的吸引力和激励性了，还会考虑企业承受能力的大小，利润的合理积累等问题。

（五）合法原则

薪酬系统的合法性是建立在遵守国家相关政策、法律法规和企业一系列规章制度基础之上的。如果企业的薪酬系统与现行的国家政策和法律规则以及企业规章制度不相符合，则企业应该迅速地进行改进，使其具有合法性。

四、薪酬制度设定的基本步骤

一般来说，薪酬系统的设定可以划分为七个基本步骤。

（一）制定薪酬策略（明确企业的总体战略）

这是企业文化的部分内容，是以后诸环节的前提，对后者起着重要的指导作用。它包括对职工本性的认识（人性观），对职工总体价值的评价，对管理骨干及高级专业人才所起作用的估计等核心价值观，及由此衍生的有关薪资分配的政策和策略。如薪资等级间差异的大小、薪资、奖励、与福利费用的分配比例等。

（二）职务分析

职务分析又称工作分析，任务是确定完成各项工作所需技能、责任和知识的系统过程。这是一种重要的人力资源管理技术，是薪酬设计的基础。

（三）岗位价值评估

岗位价值评估就是通过一种比较科学的方法评估出企业各个工作岗位的相对价值。有了相对价值，再根据人力资源市场薪资水平和公司收入的实际情况，就可以相对合理地确定员工的薪酬结构和水平。它是保证内在公平的关键一步，要以必要的精确性、以具体的金额来表示每一岗位对本企业的相对价值。这种价值反映了企业对各工作承担者的要求。需要指出的是，这些用来表示工作相对价值的金额，并不就是各个工作承担者真正的薪资额，那是经过五个步骤，融入了外在公平性后，在第六个步骤“薪资分级与定薪”阶段完成的。

岗位价值评估的过程可以分为以下几个阶段。

1. 准备阶段

（1）清岗。即理顺公司组织结构和岗位设置，确定参加评价的岗位。

（2）完成职务说明书。通过问卷调查法、资料分析法和访谈法等进行工作分析，确定每个岗位的职责、任务、权限、协作关系任职资格和工作环境等基本内容，撰写职务说明书。

（3）确定岗位评价方法。目前常用的岗位评价方法有四种：职位排序法、职位分类法、因素比较法和要素计点法。根据不同方法的优缺点和适用条件并结合客户的实际，比较通用的评价方法是要素计点法，即因素评分法。该方法挑选并仔细定义影响职位价值的共同因素，即付酬因素。比如，该职位对企业的影响、职责大小、工作难度，对任职人的要求，工作条件、工作饱合程度，等等。组织专家依据各种因素，针对不同岗位进行评估打分，从而得出岗位的相对价值。

（4）确定评价因素。根据公司业务的实际情况确定岗位相关的因素，一般可以分为岗位的责任因素、需要的知识技能因素、岗位性质因素和工作环境因素等，每个主因素又可划分若干子因素。给出每个子因素及不同得分档次详细的定义描述，同时确定各个因素在总分中的权重。

（5）确定专家组。专家组成员的素质及总体构成情况将直接影响到岗位评价工作的质量。专家组可以来自公司内部，也可以来自公司外部，但必须对公司业务和内部管理有一定的了解。一个好的专家组成员必须能够客观地看问题，在打分时应尽可能摆脱局部利益。专家小组的成员在很大程度上决定岗位评价的结果。其次应考虑专家在员工中是否有一定的影响力，这样才能使岗位评价最后的结果更具权威性。

（6）确定标杆岗位。因为参与评价的岗位可能分属不同的业务板块，每个岗位的工作性质和内容又可能不相同，所以对岗位价值的衡量也就大不一样。这时候，如何使每个岗位的工作在一定的程度上具有可衡量性，就需要建立一个参照系，而标杆就是这个参照系。也就是说，标杆岗位是衡量其他一般岗位相对价值的尺子。

2．专家组的培训阶段

培训的目的是为了提高岗位评价的效率，确保岗位评价的效果。

（1）对专家组进行组织结构调整和岗位设置思想的培训，使他们对各个岗位的职责和性质有一定的了解。

（2）针对岗位评价本身进行培训。培训内容主要是介绍为什么要进行岗位评价、岗位评价的方法、为什么要选择评分法、岗位评价的流程、岗位评价常出现的问题及解决方法、岗位评价的结果与薪资结构的关系等。培训时，应强调岗位评价针对的是岗位而不是人。岗位评价结果是建立薪酬体系的重要依据，但不是全部依据，从评价得分到最后的薪酬体系还有很长的路要走。除此之外，应重点向专家们解释评价表的因素定义和权重，使各位专家清楚各评价因素的含义和评分分级的标准。

（3）标杆岗位试打分。专家组对照职务说明书，对标杆岗位的不同因素分别进行打分。因素得分乘以权重之后加总，即可以得到岗位的总分。通过对标杆岗位的试打分，专家组成员可以基本熟悉岗位评价的流程。同时，还可以发现问题并及时进行解释，消除专家组成员对评价表中各项指标理解的过大差异，建立合理的打分标准。打分过程中，如果某岗位的某因素的得分离差过大，则说明大家对该岗位的理解存在较大分歧，为了得到比较准确的结果，需要重新打分。

（4）标杆岗位的打分结束后，专家组要对“标杆岗位”的得分结果进行综合分析，计票选出若干大家公认结果不合理的，然后重新进行评价。大多数专家一致认为标杆岗位的得分能够符合公司的价值取向后就可以进入正式评价。

3．评价阶段

在取得标杆岗位分值表后，对照职务说明书并以标杆岗位的得分为标准，专家组对其余岗位进行打分，期间要同步进行数据统计和分析工作。

4. 总结阶段

这一阶段主要对岗位评价得分进行排序和整理，得出各个岗位的相对价值得分，以便进行综合分析。至此，整个岗位评价结束。

（四）市场薪酬调查（主要指地区及行业的调查）

薪酬调查就是通过各种正常的手段获取相关企业各职位的薪资水平及相关信息。由于劳动力市场为典型的不对称信息市场，企业对工作申请者的劳动技能特征不具有完全信息，被雇人员将试图把那些传递关于其自身素质的信息的各种标志提供给潜在的雇主，由于招聘和辞退员工是有成本的，企业为了避免在招聘之后才发现其生产率低下而必须辞退的这种不经济的情况发生，往往会通过同行薪酬调查后，以高于同行的薪酬水平，向人力资源市场发送一个信号，这样的薪酬能吸引生产率高的优秀人员，任何低于效率工资还愿意工作的人将被视为潜在的“劣等品”而不被聘用。同样，雇主为了留住人才，也可能会提供高于现行水平的薪酬，假设员工辞职后，能在同一或更高的薪资水平迅速找到一份新的工作，则员工的辞职愿望上升。然而若企业支付的薪酬高于其他企业，那员工就很可能会因为辞职成本增大而降低其流动愿望，由于辞职率与实际工资呈负相关，所以企业往往偏好于通过支付更有竞争力的薪酬来减少劳动力流失的巨大成本。对薪酬调查的结果进行统计和分析，是企业薪资管理决策的有效依据。这项活动主要研究两个问题：要调查什么，怎样去调查和作数据收集。调查的内容，当然首先是本地区，本行业，尤其是主要竞争对手的薪资状况。参照同行或同地区其他企业的现有薪资来调整本企业对应工作的薪资，便保证了企业薪酬制度的外在公平性。

（五）薪酬结构设计

经过工作评价这一步骤，无论采用那种方法，总可得到表明每一工作对本企业相对价值的顺序、等级、分数或象征性的金额。工作的完成难度越高，对本企业的贡献也越大，对企业的重要性也就越高，就意味着它的相对价值越大。使企业内所有工作的薪资都按同一的贡献律原则定薪，便保证了企业薪酬制度的内在公平性。但找出了这样的理论上的价值后，还必须据此能转换成实际的薪资值，才能有使用价值。这便需要进行薪资结构设计。

所谓薪资结构，是指一个企业的组织机构中各项职位的相对价值及其对应的实付薪资间保持着什么样的关系。这种关系不是随意的，是以某种原则为依据有一定规律的。这种关系和规律通常多以“薪资结构线”来表示，因为这种方式更直观、更清晰、更易于分析和控制，更易于理解。

（六）薪资分级和定薪（或称确定薪酬水平，主要内容是薪酬范围级数值的确定）

这一步骤是指在工作评价后，企业根据其确定的薪资结构线，将众多类型的职务薪资归并组合成若干等级，形成一个薪资等级（或称职级）系列。通过这一步骤，就可以确定企业内每一职务具体的薪资范围，保证职工个人的公平性。

（七）薪酬制度的控制与管理（或称薪酬评估与控制，主要内容是对薪酬的评估及成本控制）

企业薪资制度一经建立，如何投入正常运作并对之实行适当的控制与管理，使其发挥应有的功能，是一个相当复杂的问题，也是一项长期的工作。必要时还应进行适当的调整，以适应企业生产经营发展的需要，有效调动员工的积极性。企业调整薪酬的方法主要有如下几种。

1. 自动增资

自动增资的主要做法包括：根据员工的个人的工龄、年龄定期增加薪酬；根据物价上升指数按企业有关规定增加薪酬；等级内定期升级；自然提升等情况。自动增资幅度变化的类型一般有四种：其一为直线形，工龄每增加一年便增加一定的薪酬绝对额，但增资率是类推的；其二为凸形，最初增资额较多，薪酬增长较快，到一定的年龄或工龄后，增资额达到最高限度；其三为凹形，最初增资额小，然后逐渐加大；其四为S形，最初增资额上升缓慢，到一定的年龄或工龄后，增资额便急剧上升，然后再减缓。

2. 改变薪酬结构

改变薪酬结构的主要办法包括企业在增资时，采用浮动薪酬，以代替立即提高固定薪酬的做法；或者依据某一标准，增加薪酬中某一组成部分的额度，从而使薪酬项目的设置和比重符合现实要求。这种增资方法的采用，需要严格的考核制度作为支撑，否则难保公平。

3. 提高薪酬标准

提高薪酬标准的具体做法是企业根据影响薪酬调整的各种因素，经过调查研究，对薪酬总额和薪酬发放标准进行调整，并出台提高薪酬的制度与规定。需要注意的是，薪酬标准的提高通常是不定期的一次性行为，需要征求多方面的意见，尽量做到民主性和透明性，否则可能造成不良后果。企业通过提高薪酬标准来调整薪酬的办法，也需要有严格的考核制度作为支撑。

第三节　薪酬制度的评价与管理

一、薪酬制度的评价

（一）薪酬制度与公平原则

公平理论由斯达西·亚当斯（J. Stacey Adams）提出，这一理论认为员工自己所得与付出的比率，然后将自己的所得与付出与他人的所得与付出进行比较。

如果员工感觉到自己的比率与他人相同，则为公平状态；如果感到二者的比率不相同，则产生不公平感，也就是说，他们会认为自己的所得过低或过高。这种不公平感出现后，员工们就会试图去纠正它。

在公平理论中，员工所选择的与自己进行比较的参照对象是一个重要变量，我们可以划分为三种参照类型：“他人”“制度”和“自我”。

“他人”包括同一组织中从事相似工作的人，还包括朋友、邻居及同行。“制度”指组织中的薪酬政策以及制度的运作。对于组织的薪酬政策，不仅包括明文的规定，还包括一些隐含的不成文的规定。组织中有关薪酬分配的惯例是这一范畴中主要的决定因素。“自我”指的是员工自己在工作中付出与所得的比率。它反映了员工个人的过去经历及交往活动，受到员工过去的工作标准及家庭负担的影响。

当员工感到薪酬低于付出的努力，而感到不公平时，他们会采取以下几种做法：

（1）通过减少努力或绩效来降低其 I（投入）；

(2) 寻求增加薪酬来试图提高 O (结果);

(3) 采取某种行为使得他人 I 或 O 发生变化 (例如，可能想办法说服参照人增加投入，为自己的薪金增加而更加努力工作);

(4) 扭曲自己对 I/O 比率的知觉，说服自己相信他们的 I/O 比已经等于参照人的 I/O 比;

(5) 选择另外一个参照对象进行比较;

(6) 辞去工作。

上面列举了被给付超低薪金的 6 种可能的反应，第 1 种和第 6 种反应比较常见。研究发现，支付超低薪金与缺勤、人员流动及工作努力程度下降联系紧密。而支付超高薪金一般则被认为公平，员工感到满意，或者虽有些不满意，但远不如被支付低薪金那样感到不满意。原来，人们对不公平的反应依赖于比较的来源：当不公平的知觉是建立在外部比较的基础上时，人们更倾向于辞掉他们的工作。当不公平的感觉是建立在内部比较的基础上时，人们更倾向于继续留下来工作，但减少他们的投入，如，不愿意帮助他人处理问题，缺少主动性，在工作时间内干私活等。

公平原则是薪酬制度设计的一个重要的原则，对内公平取得满意与激励，对外公平求得竞争优势。薪酬设计时还需要注意的是，不但在薪金、福利、奖励中要充分考虑公平原则，在组织的其他报酬中也要注意公平。不但注重分配公平 (Distributive Justice)，即注重个人可见的报酬的数量的公平，还要关注程序公平 (Procedural Justice)，即用来确定薪酬分配程序的公平。

程序公平性同以下三个部分密切相关。

1. 组织文化

组织文化是否是开放的，员工是否清楚薪酬组成及重要的薪酬政策，重要信息如何公布、执行，上下级的信任程度等都对薪酬的程序公平性起到重要作用。

2. 沟通

管理者与员工的地位不同，对制度的理解可能存在差异，尤其饭店的沟通多是自上而下，员工与企业对同一问题的理解有时难于一致，所以建立通畅的沟通系统，尤其是上诉系统，能及时处理员工的不满，有助于完善薪酬的公平系统。

3. 员工的地位

企业是否真的重视员工的感受，薪酬决策能否反映员工的意见，将影响员工对薪酬公平感的认可。

程序公平更容易影响员工的组织承诺、对上司的信任和流动。所以要考虑分配的决策过程公开化，遵循一致和无偏见的程序，这样即便员工对薪金、晋升和其他个人产出有不满时，也会以积极的态度看待上司和组织。

（二）薪酬制度与工作效率

工作效率即一定时期工作产出与投入的比率，与旅游企业的效益正相关。由于薪酬制度的目标之一是企业的效益目标，所以有利于提高工作效率的薪酬制度，将有利于企业效益的提高。薪酬制度与工作效率的关系可从以下几方面探讨。

1. 满意的薪酬制度有可能提高生产率

早期关于满意和绩效的关系可以概括成一句话“快乐的工人是生产率高的工人”。在20世纪30～50年代西方管理者表现出家长式工作作风，尽量使工人有满意的工作、满意的薪酬，就是为了使工人有更高的工作效率。现在人们发现，有时满意的薪酬却不一定带来高生产率，如有的员工希望有更多的晋升机会、更好的工作条件，而对薪酬的敏感因人而异。在经济尚不发达、员工成长初期、金钱在生活中占有重要地位，尤其是金钱与员工工作量有直接联系时，满意的薪酬很大程度上是能提高生产率的。

2. 不公平的薪酬降低工作效率

根据公平理论，员工常常将自己的薪酬与其他员工所得相比，其积极性不但受其绝对收入的影响，而且受其相对收入的影响。一旦员工感到不公平，他们会采取行动纠正这种情境。以时间计酬（办公室人员、计时工）的部门的员工，会通过降低效率或增加浪费求得平衡。以产量计酬（计件工资的客房部）的部门的员工，为追求高收入，可能会造成多数量、低质量。结果是降低生产率，降低产出质量。不公平薪酬造成的严重后果是缺勤或自动离职，给业务部门生产造成麻烦。

3. 基于工作表现的薪酬增加有利于提高工作效率

员工一般都认为工作表现是决定薪酬增加的最主要的因素。因此，从员工角度讲，工作表现是薪酬增加的决定因素。企业薪金增加、福利发放以及奖金分配能及时反映出员工的工作表现，将大大有利于提高工作效率。一家饭店的调薪方案由于没有注意到这一点，结果令满心欢喜的员工大失所望。其调薪方案大致是，普通员工由 600 元增薪 10 元，部门经理由 1800 元增薪 200 元，总经理由 5000 元增薪 3000 元。方案一下来，立刻在员工中引起不满，因为其增薪的依据不是工作表现，而是“资历”或者说是职位的级别。可想而知，员工的工作效率最终没有增加，而且调薪还给企业带来了负面作用。

4. 执行程序不当降低工作效率

一些研究显示，利益分享制度在 60％的企业里起到促进生产力的作用，在有的企业不成功，原因有以下几点。

(1) 奖金发放时间过疏。奖金是企业激励员工的重要手段之一，有的旅游企业的奖金只在年终发一次红利或双薪，尽管奖金的发放有时也是依据员工个人的平时表现，但是由于评定依据过于笼统，而且时间间隔过久，员工没有在有成绩时得到及时奖励，积极性受到挫伤，反而影响了工作效率。

(2) 缺少沟通。缺少沟通容易使有些薪酬内容与员工需求关系不大，员工没有兴趣；执行中若绩效评估被认为不公平或有偏差，则薪酬就更不能起到提高产出的目的。

(3) 采取方式没有得到员工的认可。有些企业尤其是饭店过多地运用消极强化，如多次频繁地采取扣工资方式对员工的不良行为或低效率处罚，容易使员工的感情受到伤害，从而降低员工的工作投入。

(4) 奖励制度形同虚设。本来企业设立奖励制度是为了增进效益，但是有时企业为了节省开支，该奖的时候没有奖而罚款却很及时，造成员工对工作失去热情，效率低下。

(三) 薪酬制度与工作满意度

工作满意度指个人对其从事的工作的一般态度。一个人的工作满意度高，对工作就可能持积极的态度，对工作不满意的人就可能对工作持消极态度。

1. 薪酬制度对工作满意度的影响

(1) 公平的薪酬使员工感到满意。

员工希望分配制度能让他们觉得公正、明确，并与他们的期望一致。当薪酬公正地建立在工作要求、个人技能水平、社会工资标准的基础之上时，员工就会对工作满意。需要注意的是，许多人宁愿接受较少的报酬，而在一个自己喜欢的地点工作或选择较少的工作，或选择有更多自主性和自由支配时间的工作。所以薪酬与满意之间的联系关键不是一个人的绝对所得，而是公平的感觉。

(2) 有效地运用薪酬制度提高员工的满意度。

公平的薪酬制度不见得就是一个有效的薪酬制度，很多企业的员工和管理人员对企业的薪酬制度不了解或不能适时运用，结果起不到增进员工满意度的效果。

一个好的奖励制度可以带来高满意度。例如，部门对员工好的表现适时增加口头表扬的次数，让员工获得物质奖励或增加晋升的可能性，那么这种正强化就有可能提高员工对工作的满意度。

现在旅游企业中有一个问题：基层部门不能及时发现员工的闪光点，不能有效运用奖励制度使员工保持激情，很多员工的热情往往就在一些部门经理的“少支出、节约成本”或者“麻木不仁”中渐渐失去了温度。企业由于没有有效地运用薪酬制度，降低了员工的满意度。

(3) 薪酬制度不是员工满意的唯一因素。

不公平的薪酬多会引起员工的不满意，甚至辞职，但是公平的薪酬制度并不是使员工获得满意的唯一因素。之所以强调这一点，是因为现在很多的人事部门都把薪酬看得太重，认为留住人才的最好办法是加薪。其实其他企业也能想到加薪。但是员工也许在一段时间内会关注薪金，而如果他对工作、对企业、对自己的前景失去了兴趣和信心，那他（她）迟早也会离开企业。一些留住关键人才、求得员工满意的计划主要包括增薪、奖金、股权和公司提供的特殊福利，但现在有些企业越来越意识到“职业生涯规划”对员工满意度的重要影响。

2. 其他影响工作满意度的因素

(1) 有挑战性的工作。

员工更喜欢选择能为其提供使用自己的技术和能力的机会，有一定的自由度的工作。挑战性低的工作使人感到厌烦，但是挑战性太强的工作会使人产生挫折和失败感，在中度挑战的条件下，大多数员工将感到愉快和满意。

(2) 公平的晋升政策。

晋升为员工提供的是个人成长机会、更多的责任和社会地位的提高。因此如果员工觉得晋升决策是以公平和公正为基础的，他们更容易从工作中体验到满意感。

(3) 支持性的工作环境。

员工对工作环境的关心是为了个人的舒适，也是为了更好地完成工作。研究证明，员工希望工作的物理环境是安全的、舒适的，湿度、灯泡、噪声和其他环境因素不应太强或太弱。此外，大多数员工希望工作地离家比较近、干净，设备比较现代化，有充足的工具和机械装备。

(4) 融洽的同事关系。

对于大多数员工来说，工作还满足了他们社交的需要。所以，友好和支持性的同事关系会提高员工对工作的满意度。上司的行为也是一个决定满意度的主要因素。研究发现，当员工的直接主管是善解人意的、友好的，对好的绩效提出表扬，倾听员工的意见，对员工表现出个人兴趣时，员工的满意度就提高。

(5) 人格与工作匹配。

霍德得出的一个结论是员工的人格与职业的高度匹配将给个体带来更多的满意度。即当人们的人格特征与所选择的职业相一致时，人们会发现自己有合适的才能和能力来适应工作的要求，并且在这些工作中更有可能获得成功；同时，由于这些成功，他们更有可能从工作中获得较高的满意度。

二、薪酬管理

(一) 薪酬管理的特点

薪酬管理是人力资源管理学中理论与实践相差最大的部分。学习薪酬管理方面的理论知识对人力资源管理的帮助几乎是微不足道。之所以如此，主要是因为薪酬管理有如下 3 个特点。

1. 敏感性

薪酬管理是人力资源管理中最敏感的部分，因为它牵扯到公司每一位员工的切身利益，特别是在生存质量还不是很高的情况下，薪酬直接影响着他们的生活水平；另外，薪酬是员工在公司工作能力和水平的直接体现，员工往往会通过薪酬水平来衡量自己在公司的地位。所以薪酬问题对每位员工来说都很敏感。

2. 特权性

薪酬管理是员工参与最少的人力资源管理项目，它几乎是企业主管的一个特权。主管包括企业管理者认为员工参与薪酬管理会给公司管理造成难度，并影响投资者的利益。所以，员工往往对于公司薪酬管理的过程几乎一无所知。

3. 特殊性

由于敏感性和特权性，所以每个公司的薪酬管理差别会很大。另外，由于薪酬管理本身就有很多不同的管理类型，如岗位薪酬、技能薪酬、资历薪酬、绩效薪酬等，所以不同企业之间的薪酬管理几乎没有参考性。

（二）薪酬管理的困难性

1. 薪酬管理的难点

在人力资源管理领域中，薪酬管理是最困难的管理任务，它的困难性在于：

(1) 员工对薪酬的极大关注和挑剔。对多数员工而言，他们会非常关心自己的薪酬，因为这直接关系到他们的生存质量。

(2) 薪酬管理理论与实践的脱节。

企业对薪酬管理是非常重视的。企业为了让薪酬更合理，更能反映员工的工作业绩，不惜将薪酬结构和薪酬体系制定得非常复杂、繁琐。实际上，过于复杂的薪酬管理与过于简单的薪酬管理一样会降低薪酬的激励作用。一套良好的薪酬体系，可以让企业在不增加成本的情况下提高员工对薪酬的满意度。建立薪酬体系之前，首先要对薪酬的外部均衡和内部均衡进行分析，分析的方法是进行薪酬调查和岗位评估，其次要设计恰当的薪酬结构，然后确定薪酬的等级和范围，最后制定薪酬的调整政策。

2. 员工为何总对薪酬不满

从理论上讲，只有当员工的真实付出与真实回报不成正比的时候，员工才会对他的薪酬不满。但实际上，不论薪酬的发放有多么公正和合理，大多数员工也会对自己的薪酬不满。对薪酬的不满并非由客观的不公和不合理所致，员工对薪酬不满的原因主要表现在以下几个方面。

（1）低于期望值。当员工的薪酬低于期望值时，他就会对薪酬不满。而这个期望值只是员工个人的自我定位。一般而言，员工往往会过高估计自己在公司的贡献和价值，自然也就有较高的期望值，自然就会有许多人对自己的薪酬不满。

（2）低于同等人员最高值。如果员工的薪酬低于同等人员最高水平的薪酬，也会产生不满的情绪，并且差距越大，不满程度就越高。因为每个人对自己的优点、特长和自己对公司的贡献都会牢记在心，甚至会放大。但往往看不到别人的优点、特长和贡献，而比较容易对别人的缺点记忆深刻。特别是对于贡献比自己大的同等员工，出于本能的嫉妒，经常会认为他并不如自己，这种高估自己的心态，很难对自己和他人作出客观的评价，也因此会产生不满。消除这种不满的有效办法是在考评沟通时，上级与员工坦诚相待，对员工做客观的评价，从而让员工客观地认识自己，消除对薪酬的不满。指出员工的缺点，需要管理者的勇气和技巧，多数管理者不愿进行这样的工作。由于没有沟通，员工对自己的高估会一直持续下去。

（3）高估他人的薪酬，低估他人的绩效。由于公司员工的薪酬和绩效考评成绩一般都是保密的，员工无法从正式渠道得到真实、详细的信息。出于对别人薪酬及考评的兴趣，员工往往会根据一些道听途说加以猜测。这种猜测往往会高估他人的薪酬而低估他人的绩效，从而会认为企业的薪酬的不公，对自己所得的薪酬产生不满。

（4）精神待遇不满，也会导致对薪酬的不满。精神待遇是待遇的一个重要部分，精神待遇不满主要是指对工作的胜任感、成就感、责任感、受重视、有影响力、个人成长和富有价值的贡献等因素不满。由于精神待遇具有隐蔽性，员工在表达对精神待遇不满的时候，常常会强调对物质待遇的不满。比如，有的员工这样抱怨：“我每天要受这么多气，为什么才拿这一点儿薪酬?”或者说：“我的工作这么烦躁乏味，薪酬应该高一些吧。”但精神待遇是人的一种需求，它不会因为这种忽略而消失。解决这个问题，主要途径是提高员工的精神待遇，而不是薪酬。

3. 如何提高薪酬满意度

员工对薪酬管理的满意程度是衡量薪酬管理水平高低的最主要标准。让员工对薪酬满意，让其能更好地为公司工作，是进行薪酬管理的根本目的。员工对薪酬管理的满意程度越高，薪酬的激励效果就越明显，员工就会更好地工作，于是就会得到更高的薪酬；这是一种正向循环。如果员工对薪酬的满意程度较低，则会陷入负向循环；长此以往. 会造成员工的流失。

员工对薪酬管理的满意度，取决于薪酬的社会平均水平比较和公平度。

社会平均水平比较是指员工会将自己的薪酬水平与同等行业等岗位的薪酬进行比较，如果发现自己的薪酬高于平均水平，则满意度会提高，如果发现自己的薪酬低于平均水平，则满意度会降低。薪酬管理的主要工作之一就是对岗位的价值进行市场评估，确定能吸引员工的薪酬标准。

公平度是指员工把自己的薪酬与其他员工的薪酬进行比较之后感觉到的平等程度。提高公平程度是薪酬管理中的难点。实际上，企业人力资源部门不可能在这点上做到让全体员工满意。许多企业之所以实行保密的薪酬制度就是为了防止员工得知其他员工的薪酬水平后，降低对薪酬管理公平度的认同。此外，如果没有对公平度的认同，员工也很难会认同薪酬与绩效间的联系，从而降低绩效考评的效果。

因而，提高薪酬管理的满意度可以从平均水平比较和提高公平度两个方面进行。

在制定薪酬制度时，我们可以让员工参与进来。实践证明，员工参与决策能使决策更易于推行。另外，人力资源部门还应促使企业主管、管理者和员工建立起经常性的关于薪酬管理的沟通，促进他们之间的相互信任。总之，沟通、参与和信任会显著影响员工对薪酬管理的看法，从而提高员工对薪酬管理的满意度。

（三）旅游企业应采取具有竞争力的多层次薪酬管理方法

旅游企业是以人为本的企业，因此应该建立起一套完善的具有竞争力的薪酬制度以吸引更多的优秀人才。基于我国旅游企业现有的薪酬制度状况，旅游企业应该采取多层次的薪酬管理方法，来提高旅游企业的竞争能力。

1. 与绩效挂钩的薪酬管理方法

为了克服我国旅游企业现有薪酬制度过于单一的缺陷，员工的薪酬应该与他的工作绩效挂钩，既可以有效地控制成本和提高生产率，并进而培育出自身的竞争优势，以此来达到对员工进行正向激励的目的。与绩效挂钩的薪酬形式一般有三种：提高基薪、发放奖金、职工持股计划。

（1）提高基薪。提高基薪是绩效薪酬的一种主要形式，它是指在员工达到某一绩效标准时，将获得永久性的提薪。这种激励方法可以有效地提高旅游企业员工的工作积极性，使员工能更加有效地为顾客提供服务。但这种做法存在一个明显的局限性：由于基薪具有刚性，一般只能上升，不能下降，导致以提高基薪为形式的绩效薪酬缺乏灵活性，从长远来看成本过高。

（2）发放奖金。发放一次性奖金较提高基薪而言具有更大的灵活性，同时成本要低得多。我国旅游企业也可以采用这种方法来奖励工作绩效比较突出的员工，作为企业对他们良好的工作表现的认可，鼓励员工更好地为实现旅游企业的经营管理目标服务。

（3）职工持股计划。职工持股计划是近十年来在西方国家企业中兴起的一种新的绩效薪酬形式，是促使员工实现金融参与，分享企业的经营利润与风险的一种主要形式。我国旅游企业应该积极引入这一有效的薪酬激励形式，将企业的一部分利润以一种投资凭证（职工股）的形式转让给员工，在员工退休或因故离开公司时，企业可以收回股份或者由持股会依据一定的原则协助其转让给公司其他员工。这一做法可以使旅游企业达到内部职工进行长期激励的目的，使员工感到自己是企业的主人，在为企业营利的同时自己也能够获得相应的回报。这样员工的积极性就会得到极大的激发，服务质量也会相应地得到提高，从而达到对他们物质和精神方面的双重激励。

2. 采取具有长期激励作用的经营者薪酬管理方法

我国旅游企业经营者的薪酬形式主要有短期激励和长期激励两种，其中年薪制属于短期激励形式，主要由经营者短期内的工作表现决定，包括基本工资和风险收入。但由于我国旅游企业资产评估的难度较大，导致建立在企业资产增值基础上的年薪制往往无法做到客观精确，这使得旅游企业经营者的收益与成本不对称，很难达到预想的激励效果。长期激励的特点是要实现经营者的薪酬与企业的长期利益挂钩，避免经营者在决策过程中的短期行为和个人行为企业化。股票期权制度作为一种长期激励方式，是指以约定的价格允许管理人员在一定时期买人本公司约定数额的股票，即管理人员获得一份标的为本公司股票的看涨期权，这种股票本身不可转让，也不能任意变现，但享有分红、配股权，且只有在管理人员离任后方可带走。这种激励机制可以将企业长期利益与管理者个人利益有效地结合起来。在我国旅游企业中推行股票期权制度，一方面可以抑制企业经营者的短期行为，另一方面也可以吸引和优选管理人才，解决人员流动率过高的问题。首先，股票期权计划能抑制旅游企业内部经营者的短期行为。在我国旅游企业中，出资人与经营者往往都是委托代理关系。由于信息不对称和双方追求目标不一致，经营者有可能为了短期的个人利益而牺牲公司的长期利益。为了使两者的利益追求尽可能趋于一致，我国旅游企业应该尽快推行股票期权计划，使企业利益与经营者个人利益真正地结合起来，从而保证经营者的决策符合企业长期发展目标。其次，股票期权计划可以吸引和优选管理人才。长期以来，我国旅游企业一直很难吸引和留住优秀的管理人才，特别是在中小旅游企业，人员流动率过高这一现象尤为严重。股票期权计划有助于解决这一矛盾，旅游企业经营者是否愿意提出、接受此计划，就在一定程度上显示了其类别。而收益的明确性与延迟性，必将激励人才潜力的发挥。这就为优秀管理人才的选拔提供了一条捷径，减少优秀管理人员的流失，有助于旅游企业健康持续发展。

第七章　旅游企业员工绩效考评与结果管理

第一节　概述

员工绩效指企业员工完成工作的结果。旅游企业员工绩效考评，是旅游企业的人事部门或业务部门主管在依照若干项目或目标对员工某一阶段工作行为进行切实记录而形成的对被考评员工工作意见的基础上，进行的有次序、有系统和科学的分析与评价，从而公平地确定被考评员工在旅游企业中的价值。员工绩效考评是旅游企业人力资源管理的一项重要内容。

绩效考评包括员工素质评价和业绩评价两个方面（见图 7-1）。素质评价涉及评价对象的性格、知识、技术、能力、适应性等方面的情况。而业绩评定一般又包括工作态度评定和工作完成情况的评定。工作态度评定是对员工进行工作时的态度所作的评定。它与工作完成情况的评定相互关联，但二者的评定结果也可能不一致。工作完成情况评定是业绩考评最基本的核心内容，它一般要从工作的最终结果（工作的质与量）和工作的执行过程两个方面进行分析。

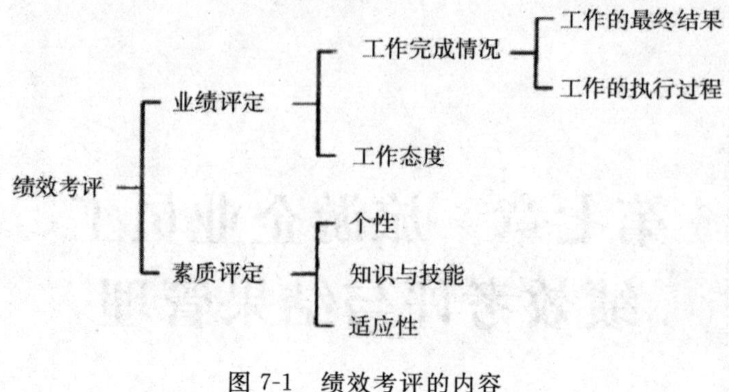

图 7-1 绩效考评的内容

一、绩效考评的目的与作用

员工绩效考评是旅游企业人事决策的依据。通过建立科学的员工考评制度，旅游企业的人事管理部门可以积累可靠的人事管理资料，用以为公平而合理地执行员工的晋级、调职、加薪、奖励、惩戒或辞退等一系列人事决策提供确切的事实依据。例如在考评过程中员工被发现有某种才能，可以成为决定提拔、调动或向其他重要工作变动的重要依据。若员工工作无能，绩效考评结果很差，则可能会被降职、解雇或调做其他更一般的工作。主管人员必须力求以客观的态度来评价员工的能力。

员工绩效考评有利于员工认清自我，从而起到有效激励员工的作用。绝大多数员工都愿意了解自己目前的工作成绩，也想知道自己如何才能工作得更好，这不仅是员工个人寻求满足的需要，同时员工也希望通过提高自己的工作绩效和工作能力来提高自己的报酬水平和获得晋升的机会。考评可以使员工客观而清楚地认识与了解自己的工作表现。员工因本人的良好表现而受到承认或奖励时，会感到舒心，进而建立自信心，从而激发员工个人的奋斗愿望，促使员工对本职工作产生更浓厚的兴趣，有利于发挥员工工作的潜在才能与主动性，为旅游企业多做贡献，而且可避免员工怀才不遇、因待遇不公而产生的怨愤心理。

员工绩效考评为旅游企业人事部门分析培训需求、制订培训计划提供了依据。员工绩效考评是员工工作表现的总结，也是旅游企业培训工作成效的反馈。由于员工绩效考评不仅可以发现员工的长处和优点，也能够指出员工的不足和缺点，因此，员工绩效考评能够发现员工需要培训的方向，尤其对于管理人员，可以指出他们在如人际冲突管理、监督技能、计划、预算能力等方面的欠缺，为培训方案的设计和实施确定基础。

员工绩效考评还有利于旅游企业提高科学管理的水平。员工考评活动为旅游企业管理层与基层员工提供了一次有效的直接沟通机会。考评可以促进人事培训部门与各级主管对员工实际情况的深入了解，有利于营造融洽的工作气氛，减少不必要的误会；考评可以检查管理人员的工作成效，以便找出工作中的薄弱环节，从而加强管理以达到部门的目标与要求；考评还可以促使管理层更妥善地安排员工的工作，量才用人，从而改善部门的管理状况，使各项业务得以顺利开展。

总之，科学地运用员工绩效考评手段可以使员工、管理人员、旅游企业均有所收益。

二、绩效考评内容和程序

（一）绩效考评的内容

员工考评的对象、目的和范围复杂多样，因此考评内容也颇为复杂。但就其基本方面而言，主要包括德、能、勤、绩四个方面。

1. 德

德指人的政治思想素质、道德素质和心理素质。德是一个人的灵魂，它决定了一个人的行为方向——为什么样的人生目的而奋斗；决定了行为的强弱——为达到目的所做努力的程度；决定了行为的方式——采取什么手段达到目的。

德的标准不是抽象的，而是随着不同时代、不同行业、不同层级而有所变化。在改革开放的今天，德的一般标准是坚持党的基本路线，坚持集体主义价值观，富有使命感、责任心和进取精神，遵守职业道德，遵纪守法等。德的考评对各级领导尤为重要。

2. 能

能指员工从事工作的能力，包括体能、学识、智能和技能等方面。体能主要指年龄、性别、健康状况等因素；学识主要包括文化水平、工作经验等项目；智能包括记忆、分析、综合、判断、创新等方面；技能包括操作、表达、组织领导、计划决策、监督控制等方面。对不同的职位，员工能的要求应有不同的侧重。

3. 勤

勤指勤奋敬业的精神。主要指员工的工作积极性、创造性、主动性、纪律性和出勤率。不能把勤简单地理解为出勤率。出勤率高是勤的一种表现，但并非内在的东西，他也可能是出工不出力，动手不动脑。真正的勤，不仅出勤率高，更重要的是以强烈的责任感和事业心，在工作中投入全部的体力和智力，并且投入全部的情感。因此，人事考勤工作应将形式的（表面的）考勤与实质的（内在的）考勤结合起来，重点考评其敬业精神。

4. 绩

绩指人员的工作效率与效果，包括完成工作的数量、质量、经济效益和社会效益。数量、质量、效益之间，经济效益与社会效益之间，都是对立统一的、辩证的关系。在考评和评价人员的绩效时，应充分注意这一点。对不同职位，考评的侧重应有所不同，但效益应该处于中心地位。在考评“绩”时，不仅要考评人员的工作数量、质量，更应考评其工作因满足社会需要所带来的经济效益和社会效益，即工作的社会价值。

有时，对一些特殊目的的考评还要求对被考评者的个性特征（如性格、兴趣、爱好等）进行评价。

在具体实施考评时，德、才、勤、绩往往又可被分解成若干子项目，如对组织忠诚度、知识水平等，从而使考评更加客观、可行。选择哪些项目作为具体考评的内容取决于考评的目的。例如，为了奖金的合理发放，就应该选择反映员工工作结果的项目来进行评价；如果为了安排员工参加培训，应选择工作知识等员工的个人特性作为评价内容；如果要剔除最没有价值的员工，就应该选择违反纪律、违反工作规程的行为或产生的不良后果作为考评内容。

（二）绩效考评的程序

绩效考评的效果很大程度上取决于考评系统的设计、考评方法的选择和实施过程的安排。一般而言，完整的绩效考评的实施过程必须包括以下步骤（见图 7-2）。

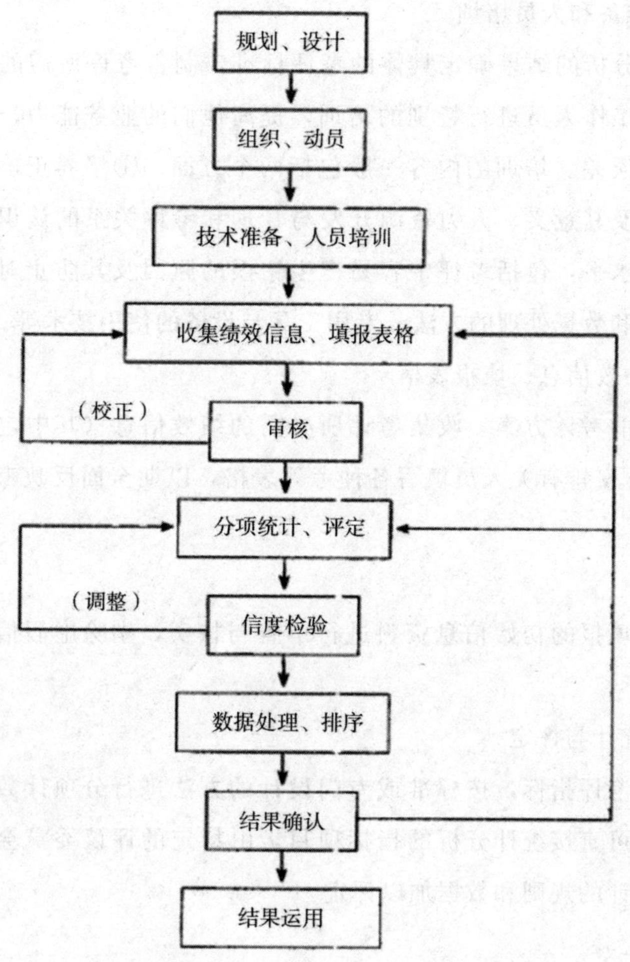

图 7-2　绩效考评的一般程序

1. 规划、设计

一旦要对员工进行考评，单位领导人和人事主管部门应着手制定考评活动的实施规划，明确考评目的、要求和内容，设计考评方案和具体执行办法，发布相应的文件。

2. 组织、动员

成立相应的组织机构和工作小组，指定工作人员，明确职权划分。在考评对象或全体工作人员范围内进行实际操作前的动员，说明考评的目的、内容、方法、要求及考评结果的运用方式，从而端正态度，消除有意无意的抵制情绪和抗拒心理。

3. 技术准备和人员培训

根据工作分析的结果确定具体的考评标准，制备考评所需的各种表格和工具。对考评工作人员进行特别的培训，提高他们的业务能力，减少评定中人为的非正常误差。培训的内容一般包括两个方面。①培养正确的态度：提高对绩效考评及其意义、人力资源开发与管理和考评关系的认识。②提高专业知识和技术水平，包括考评中容易产生错误的原因及其防止对策、考评方法、文件资料和数据处理的方法、专用工具与设备的使用技术等。

4. 收集绩效信息、填报表格

按照拟定的考评方案，收集考评所必需的绩效信息（其中包括日常工作记录等资料）；安排有关人员填写各种考评表格，以期全面反映考评对象的绩效情况。

5. 审核

对收集和填报的初始信息资料进行审查与核实，剔除虚假信息，修正有误差的资料。

6. 分项统计与评定

对不同的考评指标，按标准或专门设计的方法进行分项计数或计量统计计数。而对不可直接统计分析的指标项目，由特定的评议委员会（小组）按照标准系统设计的规则和数据加以评定。

7. 信度检验

对分项统计和评定质量进行检查和验证，提高统计的准确性和评定的一致性。如若发现统计和评定质量不符合要求，应及时反馈调整，复核统计或重新评定。

8. 处理与排序

按一定的规划，将分项统计和评定的结果加以综合运算，根据运算结果区分绩效水平的优劣、等级，作为相关决策的依据。

9. 考评结果的确认和通告

对排序所得出的人员考评的初步结果加以确认，对不合理的考评结果与排序需通过复评予以调整或重新评定和分析。然后将最终结果在一定的范围（大到全体员工，小到考评对象本人）进行通告。如有人对考评结果不服，必要时可以再次进行复评。

10. 结果运用

按最终确定的考评结果，对考评对象的职务、职称、工资、奖惩、培训等做出合理的安排。

三、绩效考评的量度

一个行之有效的绩效考评体系的建立，必须有一套客观、可靠的绩效考评标准，使员工绩效的量度有所依据。绩效标准包括员工工作的若干有考评价值的方面，它是员工被期望达到绩效的水平。从合理的角度看，绩效标准应使员工有机会得以超过标准并实现组织目标，也表明未达此目标的绩效是无法让人满意的。

（一）绩效考评标准的类型

1. 绝对标准

这是指建立员工工作的行为特征标准，然后将期望达到的各项标准列入考评范围内，而不在员工相互间作比较。绝对标准的考评重点在于以固定标准衡量员工，而不是与其他员工的表现作比较。

2. 相对标准

这是指将员工间的绩效表现相互比较和研究分析，确定一个相对的评价标准，也就是通过相互比较来评定个人工作的好坏，将被考评者按某种向度作顺序排名，或将被考评者归入先前决定的等级内，再加以排名。

旅游企业员工考评中，最基本的标准包括业绩标准（如导游人员接待旅游团体定额，饭店的客房服务员每日打扫客房定额等）、行为标准及任职资格标准。以上三项常被统称为岗位规范。

（二）绩效考评标准的特征

一般而言，一项有效的绩效考评标准必须具有下列 8 个特征。

1. 标准是基于工作而非基于工作者

绩效考评标准应该根据工作本身来建立，而不管谁在做这项工作。而每项工作的绩效考评标准应该只有一套，而非针对每个工作的员工各订一套。

绩效考评标准和目标不同。目标应该是为个人而不是为工作而订。目标的典型特征是必须具有挑战性。因此，一位主管虽领导指挥很多人从事相同的某项工作，他也应该只订出一套工作标准，但对每位员工却可能设定不同的目标；这些目标依个人之经验、技术、过去的表现而有所不同。

2. 标准是可以达到的

绩效考评的项目在部门或员工个人的控制范围内，而且是通过部门或个人的努力可以达成的。

3. 标准是为人所知的

绩效考评标准对主管及员工而言，都应该是清楚明了的，如果员工对绩效考评标准概念不清，则事先不能确定努力方向；如果主管不清楚绩效考评标准，则无从衡量员工表现之优劣。

4. 标准是经过协商而制定的

主管与员工都应同意该标准确属公平合理，这在激励员工时非常重要。员工对自己参与制定的标准往往会自觉遵循，达不到标准而受相应的惩戒时也不会有诸多抱怨。

5. 标准要尽可能具体而且可以衡量

绩效考评的项目最好能用数据表示，一般属于现象或态度的部分，因为抽象而不够具体，就无法客观衡量比较。有句管理名言说："凡是无法衡量的，就无法控制。"

6. 标准有时间的限制

绩效考评资料必须定期迅速而且方便地取得，否则某些考评将失去时效性而没有多大的价值。

7. 标准必须有意义

绩效考评项目是配合企业的目标来制定的，所采用的资料也应该是一般例行工作中可以取得的，而不应该是特别准备的。

8. 标准是可以改变的

绩效考评标准并非一成不变，必要时应定期考评并予以改变。也就是说，绩效考评标准可以因新方法之引进、因新设备之添置或因其他工作要素的变化而变动。

四、绩效考评的主体

所谓考评主体即由谁来进行考评。员工在旅游企业中的关系是上有上司，下有下属，周围有自己的同事，对外有客户、消费者，他们都有可能成为员工绩效考评的主体。

合格的绩效考评主体应当满足的理想条件是，了解被考评者职务的性质、工作内容、要求、考评标准及企业有关政策；熟悉被考评者本人的，尤其是本考评周期内的工作表现，最好有直接的近距离密切观察其工作的机会；当然此人应当公正客观，对考评对象不存在偏见。

（一）直接上司

直接上司是旅游企业员工考评中最常见的主体，如饭店的客房服务员由楼层主管考评，楼层主管由客房部经理考评。直接上司常常熟悉员工工作，而且也有机会观察员工的工作情况。他们握有奖惩手段，无此手段的考评便失去了权威。但他们在公正性上不太可靠，因为频繁的日常直接接触，很易使考评掺入个人感情色彩。所以有的旅游企业用一组同类部门的管理人员共同考评彼此的下级，只有一致的判断才作为结论。

（二）同级同事

员工的同事能观察到员工的直接上司无法观察到的某些方面，尤其是员工的工作场所与主管的工作场所分离的时候，如需要外出带团的导游人员、公关销售人员等，直接上司通常很难直接观察到员工的工作情况，这时同事的意见是直接上司考评的一个很好的补充方式。他们对被考评的职务最熟悉、最内行，对被评同事的情况往往也很了解。但同事之间往往存在竞争关系，评价意见在作为职位晋升、奖金分配参考时，会出现偏差。采用这种考评主体的前提条件是，同事之间必须关系融洽，相互信任，团结一致，相互间有一定交往与协作，而不是各自为战地独立作业。同事评价意见不适于用来制定人事决策。

（三）下属

下属的评价有助于主管人员个人的发展，因为下属可以直接了解主管人员的实际工作情况、领导风格、调解矛盾的能力、计划与组织的能力等。在使用下属评价时，双方开诚布公、相互信任是非常重要的。但需要注意的是，当员工认为评价工作的保密性不够时，那么他们会给予上级过高的评价。通常，下级的评价只作为整个考评体系的一部分。

（四）员工自评

采用这一方法有助于调动员工参与考评活动的积极性，减少员工在考评过程中的抵触情绪。但自我评价的问题是自我宽容，常常会产生与上级主管不一致的评价结果，因此比较适合于个人发展计划，如培训，而不适用于人事决策。

（五）客户评价

旅游企业向消费者提供的是面对面的服务，因此消费者的评价对旅游企业来说是很重要的。虽然消费者的评价目的与组织的目标可能不完全一致，但他们的评价结果有助于为晋升、工作调动和培训等提供依据。客户评价意见可以通过顾客填写意见表、电话调查等形式获得。

（六）360°绩效考评

360°绩效考评也称全方位绩效考评，即采用上司、同事、下属、客户及员工自评相结合的方法对员工进行评价。这种方法可以全方位、多角度地对员工进行考评，考评结果也较为公正客观，是目前国际上流行的考评方法。但采用这一方法程序复杂，成本较高，因此多用于重要人员的考评中。

第二节　绩效考评的方法

在员工绩效考评过程中，往往需要采用一定的技术、方法，本节将讨论常用的几种。

一、相对标准法

如前文所述，所谓相对标准，是指通过对员工进行相互比较和研究分析而确定的一个相对的评价标准，以此作为员工绩效考评的依据。

相对标准在不同的考评群体中往往有差别，而且无法使用相对标准法对单独一个人进行评判，需通过相对标准层或称比较层，即对员工进行相互比较，进行考评。

相对标准法包括以下三种类型。

（一）排序法

排序法又分为直接排序法和交替排序法两种。

在直接排序法中，考评人员按绩效表现从好到坏的顺序依次给员工排序，这种绩效表现既可以是整体绩效，也可以是某项特定工作的绩效。这种方法适合于规模较小、人员较少的旅游企业。对于规模较大的企业，由于员工数量比较多，以这种方法区分员工绩效就比较困难，尤其是对那些绩效中等的员工。这时主管可采用交替排序法。

交替排序法，是在直接排队法的基础上作了一些变动而得来的。它分以下几个步骤进行。首先，考评人员把最好的员工放在名单的最上面，把最差的员工放在最下面；然后在剩下的员工中挑选最好的员工列在第一名下面，再挑选表现最差的列在最后一名员工之上。这样从最好和从最差两个方向不断进行排列，直到所有员工都被列入。

（二）两两比较法

两两比较法是指在某一业绩标准如全面表现、工作质量或接受新事物的能力等的基础上，把每一员工都与其他员工相比较来判断谁更好，并记录每一个员工和任何其他员工比较时被认为最好的次数，根据次数的高低给员工排序。这种方法较之于排序法的优点在于，考虑了每名员工与其他员工绩效的比较，更加客观。

排序法与两两比较法有一个共同的问题：在排序中每个人排位是唯一的。这意味着任何两名员工的表现必能分出先后，但事实上这是不可能的。通常某些员工的表现差不多，难分好坏，用这两种方法不能很好地反映员工的业绩状况。

（三）强制分配法

按照这种方法，考评人员可以把员工划分为几个等级，每一个等级规定一定人数。例如，只允许主管把10％的员工列入“优秀”，另外10％列为“差”，然后再把一定比例的员工列为“较好”“一般”和“较差”。

在采用这种方法时，员工的绩效可能不适于分配进设定的等级。比如绝大部分员工的绩效都比较好，一定要把30%的员工归入“较差”或“差”等就不尽合理。

相对标准法的一个明显的缺点是考评人员必须对员工进行互相比较。在旅游企业的管理中，一个人管辖下的所有员工都做同样的工作是不可能的，因此要公平、客观并自始至终地运用这些方法，即使有可能也是非常困难的。

二、绝对标准法

按照绝对标准法，考评人员可以对每位员工作出考评，而不用与其他员工的工作比较。一般说来，我们可以通过三种常用方法把绝对标准结合到考评过程中去。

（一）关键事件法

按照这种方法，主管或负责考评的其他管理人员把员工工作中发生的好的及不好的事情像记日记那样记录下来。这些事情经过汇总后就能反映员工的全面表现。根据这些可以对员工进行考评。采用这种考评法时，必须对从上次考评到本次考评这一整段时间内发生的每件事情及时作好记录，包括正反两方面的事迹，使考评尽可能公平正确。关键事件法一般有三个基本步骤：①当有关键事件发生时，将其填在要事记录表中；②摘要评分；③与员工进行考评面谈。

（二）打分检查法

由主管和其他熟悉员工工作的人制定员工各项工作检查表，并根据员工实际工作情况对员工的每项工作进行打分，从分数的高低可以看出该项工作的完成状况。

（三）硬性选择法

员工工作的好坏可以从许多方面反映出来。硬性选择法首先要求考评人员对反映员工工作状况的因素选择一个合理的评价标准。根据这些标准对照员工实际状况，可以对员工的工作作出一个评价。许多旅游企业在考评时就采用这种方法。衡量员工工作的因素有多有少，但确定这些考评因素时，关键要考虑那些对员工工作影响重大的因素。

三、目标管理法

目标管理法（Management By Objectives，MBO）的实质就是考评人员与员工共同讨论和制定员工在一定考评期内所需要达到的绩效目标，同时还要确定实现这些目标的方法及步骤。目标经过贯彻执行后，到规定的考评期末，由双方共同对照原定目标来测算实际绩效，找出成绩和不足，然后再制定下一个考评期的绩效目标，如此不断循环下去。实施 MBO 有 6 步。

第一步，管理者确定企业下一个评价期所应达到的目标。这些目标常用营业额、利润、竞争地位或企业内人际关系来表示。

第二步，说明该企业状况，如谁在哪个部门，每个人都在干什么。回答了这些问题后，管理者要审议每个人过去的工作，并注意对每个人能寄托什么希望。

第三步，管理者为参与者逐一确定下一个考评期的目标。做法是：

（1）要求每个员工列出根据自我实际情况为下一年度所定的目标，并确定日期共同进行讨论。

（2）管理者根据对员工基本素质、工作表现和潜能的了解，拟出希望员工下一年度达到的目标。

（3）在一定的范围内，召集有关人员共同审议这两个目标的清单，力求使两个目标基本吻合，然后一起确定员工在下一年度应达到的目标。

（4）自己随时准备帮助员工实现目标。

如何制定切实可行的目标呢？应该弄清楚员工心里追求的是什么，准确抓住多种潜在的因素，制定出员工心悦诚服并愿为之奋斗的富有魅力的目标。这就要求：一是要找员工恳谈，从中了解工作内容、工作障碍、各种希望、意见等，必要时，也可包括员工的个人生活问题；二是目标设置要科学合理。如果目标设置过高，让员工感觉可望而不可即，就会丧失信心；如果目标设置过低，让员工感觉低估了自己的能力，同样也会因意义不大而没有兴趣。

第四步，设计年度目标工作单，帮助员工制定具体措施去实现这些预期目标。这种工作单一般分为三部分。

（1）目标的确定。

（2）为实现目标应采取的措施。

（3）分段评价实现目标进展情况的方法。

作为管理层人员，为员工制定工作目标是关键的环节，但更重要的是要帮助员工找出、制定实现目标的具体措施。这就需要：一是反复指向工作目标，促使员工对实现预期目标的具体措施进行认真考虑；二是帮助员工考虑有没有与以往不同的具体措施，而且这些做法是否有可能在现实工作中加以实施；三是了解员工过去的做法，并将自己的想法归纳起来；四是询问员工的想法并发表自己的意见；五是对各种意见进行研究，再选择出切实可行的具体措施予以实施。

第五步，在考评期内，应经常地关注和不断检查每个员工的目标是否能够达到。尤其需要重点检查的，一是此人究竟是否在朝着既定的目标努力；二是到每次分段检查时，此人离目标还有多远；三是经过若干时间的实践，有哪些目标需要修改；四是从已有的情况分析，此人还需要哪些帮助方能实现目标。

但要注意，检查归检查，并不是要越俎代庖。每个人都有自己的职责范围。上司去办下属的事情，等于向别人宣布他不行，不需要他干了，这样做也就是忽略了那个人存在的价值。其实并非每个人都精明干练到足以在别人的权限范围内包办一切的地步，即使是上司也是如此。很多人只是自我感觉良好而已，如果将工作全部交给他，作为领导不但会忙得“焦头烂额”，事实上，也不一定能像原本做这个工作的人那样干得出色，甚至还有可能降低工作效率，影响工作质量。明智的做法是给员工以支持，使其增强信心。可以在暗中观察，如果发现执行过程中有困难，可以及时提供必要的帮助。

第六步，当目标管理循环即将结束时，需要每名员工对照目标清单，准备一份简要的绩效说明书，对照目标衡量成果，并为制定下次考评的新目标和实现这些目标策略做准备。

MBO是当今世界上较为流行的一种管理方法，具有目标明确、民主性、培养性等特点，即考评双方共同制定的明确的目标会对考评对象产生牵引力，执行过程往往由下级自主进行。MBO法因而也是在旅游企业中运用较多的考评方法，无须上级时时加以督导。在目标制定和执行过程中融合了个人培养的因素。当然，目标管理法的实施中也存在一些问题，主要是重结果，轻行为，因人而异地设定目标易出现“其乐不均”，整个过程费时费力等。

四、直接指标法

直接指标法，就是把员工的各项工作和工作表现用数量直接表示出来。例如，对一名验收员，可根据他验收的不合格产品的实际数字来进行考评（这要与货物入账后退货数字的记录作比较），或者可根据他由于没有按照工作程序及时向采购部门报告而造成库存短缺的次数考评。

直接指标法的考评标准可以是多种能反映员工工作状况的定量性指标如出勤率、遭客人投诉次数、器皿损坏个数、酒水销售杯（瓶）数等，当员工的工作成果完全量化为指数时，评价孰优孰劣也就有了依据。

第三节　绩效考评结果管理

旅游人力资源考核结果管理包括：考核结果分析、考核结果反馈和考核结果运用。

一、旅游人力资源绩效考核结果分析

考核结果分析人员，通过对数据的汇总、分类，进行加工整理，得出考核结果。企业人力资源部门可以根据不同的需要，进行不同的统计和分析。它有助于人力资源部门更科学地制定和实施各项人力资源管理政策，如招聘政策、选拔政策、培训政策等。具体步骤如下。

（1）考评数据的汇总与分类。考评数据汇总与分类就是对不同考评者对同一被考评者的考核结果进行汇总，然后根据被考评者的特点，对考评结果汇总后进行分类。

（2）确定权重。权重就是加权系数。所谓加权就是强调某一考核指标在整体考核指标中所处的地位和重要程度，或者某一考核者在所有考核者中的地位和可信度，而赋予这一考评指标某一特征的过程。特征值通常用数字表示，称为加权系数。加权能够通过确定大小不同的权重，显示各类人员绩效

的实际情况，提高考评的信度和效度。

加权的形式一般有两种：

一是，反映考核指标间彼此重要程度的加权系数。不同的人员其绩效的指标也不相同。如管理人员的绩效可能主要反映在工作过程中，工作的行为及行为方式最能反映其绩效。而销售人员或一线生产员工，其绩效主要反映在工作成果中，销售额或生产产品数量最能反映其绩效。只有不同的权重才能真实反映员工的绩效。

二是，反映不同考核者之间考核信度的加权系数，如同级考核的结果要比领导考核的结果可信度大，领导考核的结果比下级考核的结果可信度大。

(3) 计算考核结果。

(4) 考评结果的表示方法。在获得大量考核数据之后，可利用数理统计的方法计算考核结果，一般采用求和、算术平均数等较为简单的数理统计方法。

考评结果还需要用一定方式表示出来，一般有以下几种：

①数字表示法，即指考评结果用最基本的形式，直接用考评结果的分值对被考评者的绩效情况进行描述的方式。优点是具有可比性，规格统一、数据量大的特点，并为实现计算机管理创造了条件。缺点是数字描述不够直观，需与文字结合。

②文字表示法，即用文字描述的形式反映考评结果的方法。它是建立在数字描述的基础之上的，有较强的直观性，重点突出、内容集中，具有适当的分析，充分体现了定性与定量相结合的特点。

③图线表示，即通过建立直角坐标系，利用已知数据，描述出图线来表示考核结果的方式。它具有简便、直观、形象、对比性强的特点，适用于人与人之间，个人与群体之间、群体与群体之间，个人或群体与评定标准之间的对比关系。

二、旅游人力资源绩效考核结果反馈

旅游人力资源绩效考核结果的反馈主要方式是面谈。考核结果反馈面谈是绩效考核结果管理的核心。有效的绩效反馈面谈可以使考核者与被考核者就考核结果达成一致看法，为下一步计划的制订打下良好的合作基础；可以使员工认识到自己的成绩与优点，产生工作积极性；可以就员工有待改进的方面达成共识，促进员工工作方法的改进等。

由于组织内存在岗位分工的不同和专业化程度的差异，所以在主管与员工之间存在着信息不对称的情形。为了不断提升员工关注的层级，努力实现组织内评估双方的信息均衡分布，在主管与员工之间进行反馈沟通应该是经常的、及时的，并应该遵循这样一个重要的原则，即SMART原则。

S——specific。面谈交流要直接而具体，不能作泛泛的、抽象的、一般性评价。对于主管来说无论是赞扬还是批评，都应有具体、客观的结果或事实来支持，使员工明白哪些地方做得好，差距与缺点在哪里。既有说服力又让员工明白主管对自己的关注。如果员工对绩效评估有不满或质疑的地方，向主管进行申辩或解释，也需要有具体客观的事实作基础。这样只有信息传递双方交流的是具体准确的事实，每一方所做出的选择对另一方才算是公平的，评估与反馈才是有效的。

M——motivate。面谈是一种双向的沟通，为了获得对方的真实想法，主管应当鼓励员工多说话，充分表达自己的观点。因为思维习惯的定向性，主管似乎常常处于发话、下指令的角色，员工是在被动地接受；有时主管得到的信息不一定就是真实情况，下属迫不及待的表达，主管不应打断与压制；对员工好的建议应充分肯定，也要承认自己有待改进的地方，一同制定双方发展、改进的目标。

A——action。绩效反馈面谈中涉及到的是工作绩效，是工作的一些事实表现，员工是怎么做的，采取了哪些行动与措施，效果如何，而不应讨论员工个人的性格。员工的优点与不足都是在工作中体现出来的。性格特点本身没有优劣好坏之分，不应作为评估绩效的依据，对于关键性的影响绩效的性格特征需要指出来，必须是出于真诚的关注员工与发展的考虑，且不应将它作为指责的焦点。

R——reason。反馈面谈需要指出员工不足之处，但不需要批评，而应立足于帮助员工改进不足之处，指出绩效未达成的原因。出于人的自卫心理，在反馈中面对批评，员工马上会做出抵抗反应，使得面谈无法深入下去。但主管如果从了解员工工作中的实际情形和困难入手，分析绩效未达成的种种原因，并试图给以辅助、建议，员工是能接受主管的意见甚至批评的，反馈面谈也不会出现攻守相抗的困境。

T——mist。没有信任，就没有交流，缺乏信任的面谈会使双方都会感到紧张、烦躁，不敢放开说话，充满冷漠、敌意。而反馈面谈是主管与员工双方的沟通过程，沟通要想顺利地进行，要想达到理解和达成共识，就必须有一种彼此互相信任的氛围。主管人员应多倾听员工的想法与观点，尊重对方；向员工沟通清楚原则和事实，多站在员工的角度，设身处地为员工着想，勇于当面向员工承认自己的错误与过失，努力赢取员工的理解与信任。

在面谈中应把握以下技巧：

(1) 时间、场所的选择。避开上下班、开会等让人分心的时间段，与员工事先商讨双方都能接受的时间，远离办公室，选择安静、轻松的小会客厅，双方成一定夹角而坐，给员工一种平等、轻松的感觉。实行什么样的开场白，往往取决于谈话的对象与情景。设计一个缓冲带，时间不宜太长，可以先谈谈工作以外的其他事，如共同感兴趣的某一场球赛，上下班挤车的情形，孩子的学习等，拉近距离，消除紧张，再进入主题，“好的开始是成功的一半”。

(2) 认真倾听员工解释。面谈中主管常犯的错误是喋喋不休，连指责带命令，这样只会使面谈成为只有一个听众的演讲，而没有信息的交流。调查表明，即使主管听了员工的谈话也至多只记了对方不足30%的内容，所以主管应尽量撇开自己的偏见，控制情绪，耐心地听取员工讲述并不时地概括或重复对方的谈话内容，鼓励员工继续讲下去，这样往往能更全面地了解员工绩效的实际情况，帮助分析原因，这也是面谈得以成功的重要基础。

(3) 为了员工更多地表达对绩效的看法，主管应多提一些开放性的问题，激起员工的兴趣，排除戒备心理，慢慢调动员工的主动性。称赞员工多用“你们”、批评时用“我们”，这样的沟通方式很容易让人接受，如“你们九月份开发的项目，顾客非常感兴趣，董事会也注意到了”“我们对产品的市场调查还不够，只做到了40%”。

(4) 善于给员工下台阶。面谈中，员工有时已清楚自己做得不好，在主管给出了具体的事例与记录后，却不好意思直接承认错误，主管就不要进一步追问，而应设法为对方挽回面子，可以这么说："我记得以前这一项你们做得相当棒，这次可能是大意了"，员工会随口说"是啊，是啊"，这样，一方面给员工搭了个"台阶"，使其对主管心存感谢，同时又引导员工承认自己的不足，可谓一举两得。

（5）以积极的方式结束面谈。如果面谈中的信任关系出现裂痕，或由于其他意外事情打断，应立即结束面谈，不谈分歧，而肯定员工的工作付出，真诚希望对方工作绩效有提高，并在随后的工作中抽空去鼓励员工，给以应有的关注。如果通过面谈顺利地实现了信息沟通，主管要尽量采取积极的令人振奋的方式结束，或紧握员工的手，或拍拍对方的肩，语气亲切而诚恳地说"所有的问题都能解决，真令人高兴"或"辛苦了，好好干吧"，这可以使面谈更加完美。

三、旅游人力资源绩效考核结果运用

绩效评价是绩效管理循环中的一个重要环节，不管企业针对员工采取什么样的绩效评价方法，绩效评价的最终目的都是通过对绩效评价结果的综合运用，推动员工为企业创造更大的价值。通常，我们把绩效定义为员工通过努力所达成的对企业有价值的结果，或者员工所做出的有利于企业战略目标实现的行为。员工个人绩效的高低主要取决于 4 个方面的因素：员工个人的知识、能力、工作动机以及机会，即员工和工作之间的匹配性以及其他外部资源的支持。企业通过对评价结果的有效运用，对以上诸因素均可产生影响。下面我们就针对绩效评价结果如何以个人绩效为导向的报酬计划、工作流动、培训开发三个方面来进行阐述。

（一）实施报酬计划

以个人绩效为导向的报酬计划，就是把对员工的绩效评价结果和其所获得的经济报酬紧密联系在一起，这类计划的核心在于以员工个人的绩效评价结果为依据，来确定其在企业的报酬收入，这是企业在运用绩效评价结果时广泛采取的手段。广义的绩效计划有很多类型，在此，我们重点分析绩效加薪、绩效奖金、特殊绩效奖金认可计划 3 种最为常见的制度。

绩效加薪是将基本薪酬的增加与员工所获得的评价等级联系在一起的绩

效奖励计划。员工能否得到加薪以及加薪的比例高低通常取决于两个因素：第一个因素是他在绩效评价中所获得的评价等级；第二个因素是员工的实际工资与市场工资的比较比率。当然，在实际操作中，由于很难得到真实的市场工资数据，大部分企业大体上以员工现有的基本工资额作为加薪的基数。比如，在某公司的绩效管理体系中，把员工的评价结果分为S，A，B，C，D 5个等级，相应的加薪比例为10%，8%，5%，0%，－5%，假如一名员工的基本工资为2000元，年终的评价等级为S，则这个员工在下年度的基本工资就变成了2200元（获得了200元的加薪）。

企业在实施绩效加薪的时候，必须关注一个非常重要的问题：即绩效评价等级的分布。在许多企业里，由于绩效指标设置不科学，或者评价者的评价有误差，常常使公司80%左右的员工在年终的评价结果中获得较高的评价等级，这就引发了企业薪酬成本增大的问题。为了避免这种情况，有的企业对评价结果等级采取强制分布的方法，或者把员工个人评价结果的等级和部门的业绩结合起来。这些方法都是从总量上控制加薪的比例，从而在一定程度上避免了企业薪酬成本的无原则增加。但是，采取绩效加薪后，新增加的工资额就会变成员工下一期的基本工资，随着时间的延续，这种情况很可能会导致员工的基本工资额在缓慢积累的基础上大幅度提高，甚至会超出企业的盈利能力所能够支付的界限。因此，为了弥补绩效加薪这种制度的缺陷，越来越多的企业采取绩效奖金的方式而不是绩效加薪的方式来激励优秀员工。

绩效奖金是企业依据员工个人的绩效评价结果，确定奖金的发放标准并支付奖金的做法。绩效奖金的类型有很多种，计算方法通常也比较简单，常用的公式是：

员工实际得到的奖金＝奖金总额×奖金系数

奖金总额的确定没有一个统一的方法，对于销售人员可依据销售额或者销售利润来确定，对于行政支持人员可以基本工资为基数，确定一个浮动的绩效奖金额度。奖金系数则是由员工的绩效评价结果决定的。绩效奖金和绩效加薪的不同之处在于企业支付给员工的绩效奖金不会自动累计到员工的基本工资之中，员工如果想再次获得同样的奖励，就必须像以前那样努力工作，以获得较高的评价分数。由于绩效奖金制度和企业的绩效考核周期密切相关，所以，这种制度在奖励员工方面有一定的限制，缺乏灵活性，当企业需要对那些在某方面表现得特别优秀的员工进行奖励时，特殊绩效奖金认可计划可能是一个很好的选择。

特殊绩效奖金认可计划，是在员工努力程度远远超出了工作标准的要求，为企业实现了优秀的业绩或者做出了重大贡献时，企业给予他们的一次性奖励。这种奖励可以是现金或物质奖励，也可以是荣誉称号等精神奖励。与绩效加薪和绩效奖金不同的是，特殊绩效认可计划具有非常高的灵活性，它可以对那些出乎意料的、各种各样的单项高水平绩效表现，比如开发新产品、开拓新的市场等予以奖励。当然，在进行特殊绩效认可计划时，对员工绩效结果的评价往往是针对某个具体项目，和绩效管理系统中的评价方法不太一样。

（二）调整工作配置

除了把绩效评价结果和员工的薪酬待遇结合起来之外，利用绩效评价结果也可以促使员工的工作流动。工作流动一般有晋升、淘汰、工作轮换三种主要形式，其核心在于使员工本人的素质和能力能够更好地与相应的工作相匹配。

工作流动常常是和绩效评价结果联系在一起的。企业在对员工进行绩效评价时，不能只评价他目前工作业绩的好坏，还要通过对员工能力的考察，进一步确认该员工未来的潜力。而且管理者还应该明白，人与人之间所存在的绩效差异，除了他们自身的努力外，还和他们所处的工作系统本身有关系，这些工作系统包括同事关系、工作本身、原材料、所提供的设备、顾客、所接受的管理和指导、所接受的监督以及外部环境条件等，这些要素在很大程度上不在员工自己的掌控之中。对那些绩效非常好的员工，企业可以通过晋升的方式给他们提供更大的舞台和机会，帮助他们获得更大的业绩。而对那些绩效不佳的员工，管理者应该认真分析其绩效不好的原因。如果是员工个人不努力工作、消极怠工，则可以采取淘汰的方式；如果是员工所具备的素质和能力与现有的工作任职资格不匹配，则可以考虑进行工作轮换。

目前，在很多企业普遍采用的“末位淘汰”制度，实际上也是把对员工的绩效评价结果与工作流动结合在一起的应用。但企业在采取末位淘汰时，有很多问题需要引起注意。比如，淘汰的标准如何制定，淘汰的比例如何确认，是否有相应的企业文化基础。有的企业在实施末位淘汰时，淘汰标准过于简单，年末对员工进行一次360°考核，然后根据得分高低对员工进行排序，得分在最后某一比例内的员工则遭淘汰。这种做法显然是有悖其初衷。那么企业到底应该淘汰什么样的员工。应该是淘汰不称职的员工。不称职的员工就是不能达到工作标准要求的员工。但在实际操作中，很多企业在实施末位淘汰时是把人与人进行比较，而不是把人和工作标准进行比较。这显然会产生不公平。在企业内部，由于员工职位不同，导致的任职资格不一样，所承担的任务不同，衡量的标准很难统一。

淘汰的比例如何确定也是个重要的问题，目前，许多企业倾向于以GE公司的活力曲线为学习榜样，即把员工划分为A（20％，超出工作要求）、B（70％，胜任工作）、C（10％，不胜任工作，淘汰的对象）三类，但GE公司执行这种政策是有前提的，而且在有些时候也并不完美。CEO杰克·韦尔奇曾经对活力曲线有一段精彩的阐述："我们的活力曲线之所以能够发生作用，是因为我们花了10年时间在GE公司建立起一种绩效文化。在这种文化里，人们可以在任何层次上进行坦率沟通和回馈。坦率和公开是这种文化的基石，我不会在一个并不具备这种文化基础的企业组织里强行使用这种活力曲线。"而在目前的中国，又有多少企业具备了这种以"坦率和公开"为基石的绩效文化呢？所以，也就不难理解，在很多企业里，末位淘汰实际上变成了某些人裁员的堂而皇之的借口，甚至变成了某种内部利益的交易手段。

（三）开发员工潜能

其实，企业建立绩效管理体系，除了要区分出员工绩效的优劣之外，还有一个很重要的功能是通过分析绩效评价的结果来提升员工的技能和能力。培训的一个主要出发点就是员工绩效不良或者绩效低于标准要求。也就是说当员工的现有绩效评价结果和企业对他们的期望绩效之间存在差距时，管理者就要考虑是否可以通过培训来改善员工的绩效水平。这时就需要对绩效较差的员工进行分析，如果员工仅仅是缺乏完成工作所必需的技能和知识，那么就需要对他们进行培训。因此，除了可以通过绩效评价衡量员工的绩效业绩外，也可以利用绩效评价的信息来对员工能力进行开发。绩效评价系统必须能够向员工提供关于他们所存在的绩效问题以及可以被用来改善这些绩效问题的方法等方面的一些信息，其中包括使员工清楚地理解他们当前的绩效与期望绩效之间所存在的差异，帮助他们找到造成差异的原因以及制定改善绩效的行动计划。目前，我国许多企业接受并采用了国外流行的360°绩效考核方法。在360°绩效评价系统中，一个员工的行为或技能不仅要受到下属人员，而且还要受到其同事、顾客、上级、下级以及本人的评价。不过，国外的企业往往是将360°绩效考核用于员工培训与技能开发，而不是直接与薪酬挂钩。因此，这种概念的准确说法是360°绩效反馈，而不是360°绩效考核。360°绩效反馈系统的好处，是它从不同的角度来搜集关于员工绩效的信息，同时还可以使员工将自我评价与他人对自己的评价进行比较，帮助员工进行自我能力的评估。

第八章 旅游企业管理中的员工激励

第一节 概述

中外管理家都很重视激励理论的研究，作为现代旅游的管理者，为了实现既定目标，就更加需要激励企业的全体成员，以充分调动员工的积极性和创造性。激励是管理心理学的核心问题，激励因素已成为调动企业积极性和创造性的杠杆，成为衡量企业经营是否成功的标志之一。然而，目前不少旅游企业主管人员对激励机制仍然缺乏认识，以至于企业奖金的发放办法仍是平均主义大锅饭。尽管一个旅游企业在物质激励方面投入很大，但并未对员工达到真正的激励效果，也未给企业带来活力。因而有必要对旅游企业激励机制的相关问题进行一些探索。

一、激励的内涵

激励在管理心理学中的含义主要是指激发人的动机，使人有一股内在的动力，朝向所期望的目标前进的心理活动过程。激励因素是激发鼓励人们产生某种动力的条件或方式，而人们行为的结果是激励因素产生的效应。

激励理论和社会实践证明，大凡激励理论的付诸实施需要两大条件：社会环境（社会条件和企业内部环境、企业内部条件）。改革开放后，我国取得的建设成就以及社会环境都为旅游企业发展提供了较为有利的条件。相继评出十大风景名胜、优秀旅游城市等一系列经典的旅游资源，并开辟了新的风景区和与国外旅游公司联手共享双方旅游资源的多种旅游项目。在此大体相同的社会环境下，一个旅游企业能否取得成功，决定因素在企业内部。也就是说，在于旅游饭店和旅行社等旅游企业职工积极性能否真正地发挥出来。

二、激励的性质

对员工的工作动机进行引导，进行激励，这是绝大多数管理者考虑的问题之一。如何才能使员工把组织的任务目标看成是自己的任务目标呢？如何使他们为实现这种目标而努力工作？这就需要对员工的工作动机进行引导，进行激励。激励就是通过高水平的努力实现组织目标的意愿，而这种努力以能够满足员工个体的某些需要为条件。激励的过程直接涉及到员工创造性和积极性，使他们始终保持高昂的工作热情的关键所在。

激励的过程就是激发员工内在的动力和要求，激发他们奋发努力工作，去实现组织既定的目标和任务。每名员工都有自己的需要，为实现自己的需要总有一种内在的强大动力，这种动力会促使他去为实现自己的需要而努力工作，当需要被满足后，这种动力又将引导他向着更高的需求而努力工作。一般来说，一个人的需要或工作动机以及其在工作中的行为形成一个往返的过程。

一般来说，每一位员工总是由一种动机或需求而激发自己内在的动力，努力去实现某一目标。当达到这一目标后，他就会自觉或不自觉地衡量自己为达到这个目标所作的努力是值得还是不值得。因此，绝大多数人总是把自己努力的过程看作是为获得某种薪酬的过程。如果他通过努力得到了相应的薪酬，那么，就有利于巩固和强化他的这种努力。因此，激励的目的就是要调动员工的积极创造性，并使这种积极创造性保持和发挥下去。

因为员工的动机决定着他在工作中的表现，因此，管理者必须极为注意员工的动机问题。从本质上讲，员工的工作表现由三个因素决定：本人的能力、工作动机、工作环境条件。如果缺少其中的任何一个因素，都不可能使其进行有效的工作，既要有从事某项工作的能力，并愿意工作；既要有工作的动力，还要有从事某项工作的环境条件。当然，一个管理者可以高薪招聘有才能的员工或提供优厚的条件来使员工为其工作。但是，如果管理者不注意对员工进行激励的话，员工就不愿意多做工作或把工作做得更好。

三、激励的作用

激励作为调动员工积极性的一种手段，其作用主要如下。

（一）发掘人的潜能

人的潜能是蕴藏于体内的潜在能力。潜能虽然在人的行为活动中尚未显露出来（潜能的拥有者甚至未必能意识到），但这种潜能的确是存在的，并且一经发掘便会释放出巨大的能量。我们平常所说的“超越自我”“挑战极限”，就是发掘人的潜能。美国哈佛大学教授威廉·詹姆士研究发现，在缺乏激励的环境中，人的潜力只发挥出一小部分，即20%～30%。如果受到充分的激励，他们的能力可以发挥80%～90%。这就是说，一个人平常的工作能力水平与激发后可达到的工作能力水平之间存在着约60%的差距。可见，人的潜能是一个储量巨大的“人力资源库”。挖掘人的潜力，在生产过程和管理过程中具有极为重要的意义。激励正是发掘人的潜力的重要途径。

（二）提高工作效率与业绩

工作效率的高低和工作绩效的大小，通常取决于两个基本因素：一是能不能；二是为不为，即干不干。前者指胜任还是不胜任某项工作，是否具有承担某项工作的能力和资格；后者是指从事某项工作的意愿、干劲，即工作积极性的问题。通过激励，可以激发员工的创造性与革新精神，提高员工努力程度，取得更大业绩。日本丰田公司采取激励措施鼓励员工提建议，结果1年就提了165万条建议，平均每人31条，它为公司带来900亿日元利润，相当于当年总利润的18%。

（三）提高人力资源的质量

提高人力资源质量的途径主要是教育和培训。而保证教育和培训取得积极效果的一个关键条件和重要前提，就是提高教育和培训对象的学习积极性和刻苦钻研精神。在这方面，激励水平的提高和激励手段的巧妙运用，就具有特别重要的意义。

在教育和培训方面的激励主要是对才能优异、成绩卓著、刻苦顽强的优秀人才给予优越的物质待遇、崇高的荣誉及令人羡慕的社会地位，大力地进行表彰和奖励。这样，不仅会激励受奖者以更大的积极性继续努力，使自身的才能提高到新的高度，而且会产生巨大的激励效应，形成勤奋学习的良好氛围。这样，其他员工受到榜样的鼓励，也会提高教育和培训的积极性，努力学习和刻苦钻业务。许多企业的经验证明，这种激励方式是提高人力资源质量的有效途径。

（四）员工激励的过程

有效的激励必须符合人的心理和行为活动的客观规律，而不符合人的心理活动规律模式的激励不可能满足人的期望，也就达不到调动人的积极性的目的。因此，激发人的动机的心理过程的模式可以表示为：需要引起动机，动机支配行为，行为又指向一定的目标。需要、动机、行为、目标，这四者之间的关系如图 8-1 所示。

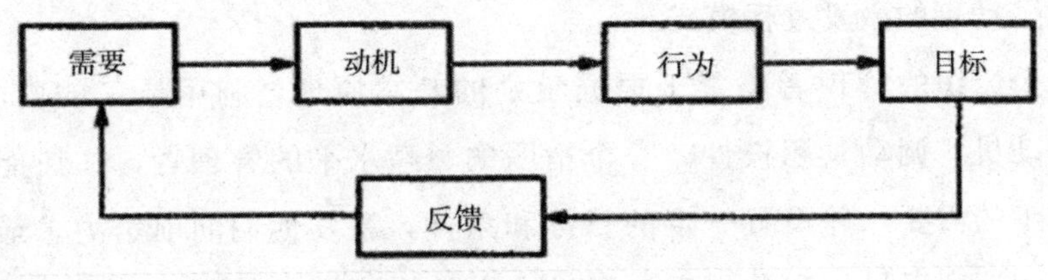

图 8-1　激励的心理过程模式

人的行为由动机支配，是在某种动机的策动下为达到某个目标有目的的活动。而动机则是在需要的基础上产生的。心理学的研究表明，人的动机是由他所体验的某种未满足的需要或未达到的目标所引起的。这种需要或目标，既可以是生理或物质上的（如对食物、水和空气等的需要），也可以是心理或精神上的（如追求事业成就等）。人的需要往往不止一种，而可能是同时存在的多种需要。这些需要的强弱也随时会发生变化。在任何时候，一个人的行为动机总是受其全部需要结构中最重要、最强烈的需要所支配、决定。这种最重要、最强烈的需要就叫优势需要。当这种需要产生时，心理就会产生一种不安和紧张。为了缓和这种心理紧张状态，需要就转化为意向和愿望。有了愿望还要选择或寻找目标。当目标找到以后，就产生一种内驱力，这就是动机。在动机的直接推动下，进行满足需要以求实现目标的活动。当目标达到后，在需要不断得到满足的过程中，动机逐渐减弱，满足需要的行为就此结束，人们的紧张心理得到消除。然后又有新的需要发生，并转化为新的动机，引起新的行为。这样周而复始，使人不断向新的目标前进，直至生命的终结。这就是人类行为的通常模式。

从心理学的角度来分析，激励过程实际上要处理好三类变量的关系：一是刺激变量，即对人体的反应发生影响的刺激条件，包括可变与可控的自然与社会的环境刺激。从管理的角度说，主要指管理者设置的目标、各种管理手段和措施；二是主体内在变量，即对人的反应有影响的内在心理特征，如需要、动机、兴趣和和性格等；三是主体反应变量，即刺激变量和主体内在变量在主体行为上的变化对人的行为的激励，实质上就是用刺激变量使主体内在变量（如需要、动机等）产生持续不断的兴奋，从而引起主体积极的行为反应。当目标达到之后，反馈又强化了刺激变量。这样周而复始，不断延续。将这一人类行为基本模式中的需要、动机、目标和管理报酬结合起来，就构成了动机的激发过程模式。

一个组织的管理者要善于根据激励的基本原理，利用员工的内心渴求，激发其动机，调动其积极性。一个精明的、高水平的管理者，往往能敏锐地观察员工的需要，并设置一定的目标和条件，激发他们向前努力。最后组织者在他们达到了目标和条件后，通过一定的形式满足他们的需要。通过这种激励使员工个人努力的方向与组织目标相一致，从而收到最佳的管理效果。

企业可以通过各种方式对员工进行激励，如推行奖金制度、鼓励员工参加企业管理、增加员工福利等，其实质都是为了满足员工的多种愿望和需求，激发员工的创造性和工作热情，从而为企业取得更大的经济效益。

激励理论是现代企业报酬管理理论的基础。从研究内容看，这一理论较为宽泛，不仅适用于企业报酬管理，而且适用于企业所有的管理工作。现代企业报酬管理已经不是一个孤立的管理环节，而是企业管理的一个有机的组成部分，与激励理论的关系非常密切。按照该理论的解释，激励与报酬之间是互为因果的关系，高收入是激励员工的一个重要因素。员工受到激励以后，高质量完成本职工作，又可以得到较高的劳动报酬。

第二节　激励理论与运用

一、内容型激励理论

内容型激励理论研究的重点是工作动机的构成因素。由于该理论的内容大都围绕着如何满足需要进行，故又称为需要理论。它主要包括马斯洛的需要层次理论，赫茨伯格的双因素理论，奥德佛的生存、关系、成长理论(ERG 理论)，麦克利兰的权力、合群、成就理论等。

(一) 马斯洛的需要层次理论

美国人本主义心理学家马斯洛提出，人有一系列复杂的需要，按其优先次序可以排成梯式的层次，其中包括四点基本假设：

第一，已经满足的需求，不再是激励因素。人们总是在力图满足某种需求，一旦一种需求得到满足，就会有另一种需要取而代之。

第二，大多数人的需要结构很复杂，无论何时都有许多需求影响行为。

第三，一般来说，只有在较低层次的需求得到满足之后，较高层次的需求才会有足够的活力驱动行为。

第四，满足较高层次需求的途径多于满足较低层次需求的途径。

马斯洛理论把需求分成生理需求、安全需求、社交需求、尊重需求和自我实现需求五类，依次由较低层次到较高层次。

1. 生理需求

对食物、水、空气和住房等需求都是生理需求，这类需求的级别最低，人们在转向较高层次的需求之前，总是尽力满足这类需求。一个人在饥饿时不会对其他任何事物感兴趣，他的主要动力是得到食物。即使在今天，还有许多人不能满足这些基本的生理需求。管理人员应该明白，如果员工还在为生理需求而忙碌时，他们所真正关心的问题就与他们所做的工作无关。当努力用满足这类需求来激励下属时，我们是基于这种假设，即人们为报酬而工作，主要关心收入、舒适，等等，所以激励时试图利用增加工资、改善劳动条件、给予更多的业余时间和工间休息、提高福利待遇等来激励员工。

2. 安全需求

安全需求包括对人身安全、生活稳定以及免遭痛苦、威胁或疾病等的需求。和生理需求一样，在安全需求没有得到满足之前，人们唯一关心的就是这种需求。对许多员工而言，安全需求表现为安全而稳定以及有医疗保险、失业保险和退休福利等。需要实施安全需求激励的对象，其在评估职业时，把“职业”看作不致失去基本需求满足的保障。如果管理人员认为对员工来说安全需求最重要，那么就在管理中着重利用这种需要，强调规章制度、职业保障、福利待遇，并保护员工不致失业。如果员工对安全需求非常强烈时，管理者在处理问题时就不应标新立异，而应该避免或反对冒险，而员工们将循规蹈矩地完成工作。

3. 社交需求（爱和归属的需要）

社交需求包括对友谊、爱情以及隶属关系的需求。当生理需求和安全需求得到满足后，社交需求就会突出出来，进而产生激励作用。在马斯洛需求层次中，这一层次是与前两层次截然不同的另一层次。这些需要如果得不到满足，就会影响员工的精神状态，导致高缺勤率、低生产率、对工作不满及情绪低落。管理者必须意识到，当社交需求成为主要的激励源时，工作被人们视为寻找和建立温馨和谐人际关系的机会，能够提供同事间社交往来机会的职业会受到重视。管理者感到下属努力追求满足这类需求时，通常会采取支持与赞许的态度，十分强调能为共事的人所接受，开展有组织的体育比赛和集体聚会等业务活动，并且遵从集体行为规范。

4. 尊重需求

尊重需求既包括对成就或自我价值的个人感觉，也包括他人对自己的认可与尊重。有尊重需求的人希望别人按照他们的实际形象来接受他们，并认为他们有能力，能胜任工作。他们关心的是成就、名声、地位和晋升机会。这是由于别人认识到他们的才能得到的。当他们得到这些时，不仅赢得了人们的尊重，同时内心因对自己价值的满足而充满自信。不能满足这类需求，就会使他们感到沮丧。如果别人给予的荣誉不是根据其真才实学，而是徒有虚名，也会对他们的心理构成威胁。在激励员工时应特别注意有尊重需求的管理人员，应采取公开奖励和表扬的方式。布置工作要特别强调工作的艰巨性以及成功所需要的高超技巧等。颁发荣誉奖章、在公司的刊物上发表表扬文章、公布优秀员工光荣榜等手段都可以提高人们对自己工作的自豪感。

5. 自我实现需求

自我实现需求的目标是自我实现或是发挥潜能。达到自我实现境界的人，接受自己也接受他人。解决问题能力增强，自觉性提高，善于独立处事，要求不受打扰的独处。要满足这种尽量发挥自己才能的需求，他应该已在某个时刻部分地满足了其他的需求。当然，自我实现的人可能过分关注这种最高层次需求的满足，以至于自觉或不自觉地放弃满足较低层次的需求。自我实现需求占支配地位的人，会受到激励在工作中运用最富于创造性和建设性的技巧。重视这种需求的管理者会认识到，无论那种工作都可以进行创新。创造性并非管理人员独有，而是每个人都期望拥有的。为了使工作有意义，强调自我实现的管理者，会在设计工作时考虑运用适应复杂情况的策略，会给身怀绝技的人委派特别任务以施展才华，或者在设计工作程序和制订执行计划时为员工群体留有余地。

马斯洛需求层次理论假定，人们被激励起来去满足一项或多项在他们一生中很重要的需求。更进一步地说，一种特定需求的强烈程度取决于它在需求层次中的地位以及它和所有其他更低层次需求的满足程度。马斯洛的理论认为，激励的过程是动态的、逐步的、有因果关系的。在这一过程中，一套不断变化的“重要”的需求控制着人们的行为，这种等级关系并非对所有人都是一样的。社交需求和尊重需求这样的中层需求尤其如此，其排列顺序因人而异。不过，马斯洛也明确指出，人们总是优先满足生理需求，而自我实现的需求则是最难满足的。

马斯洛的需求层次理论阐明人们究竟会重视哪些目标，也说明了哪些类型的行为将影响各种需求的满足。但是对为什么会产生需求涉及得很少。这些理论也指出，大多数人都存在着较高层次的需求，而且只要环境不妨碍这些较高层次的出现，这些需求就能激励大多数人。

许多研究表明，高层管理人员和基本管理人员相比，更能够满足他们的较高层次的需求，因为高层管理人员面临着有挑战性的工作，他们能够自我实现。在另一方面，基本管理人员更多地从事常规的工作，满足较高层需求就相对困难一些。而且需求的满足根据一个人在组织中所做的工作、年龄、公司规模以及员工文化背景等不同的因素而有所差异。

生产指挥系统的管理人员在安全、社交、尊重和自我实现方面比科室人员会感到更大的满足，双方在尊重和自我实现需求上的差距最大。

在尊重和自我实现的需求方面，年青员工（25 岁或以下）的要求比较年长的员工（36 岁或以上）更强烈；低层次的管理部门和小公司的管理人员比在大公司工作的管理人员更易对需求产生满足。

事实表明，个人和组织中的事件能够而且确实能改变需求。组织中的习惯做法会强烈地影响许多高层次需求的产生并给予满足。例如，根据过去胜任工作而给予的晋升能够激发员工的尊重需求。而且，随着管理人员在组织中的发展，安全需求逐渐减弱，而社交、尊重和自我实现的需求则相应增强。下面是需求层次理论的主要研究发现的概括：

(1) 需求可以认为是个人努力争取实现的愿望。

(2) 只有满足较低层次的需求，高层次需求才能发挥激励作用。

(3) 除了自我实现，其他需求都可能得到满足，这时它们对于个人来说，重要性就下降了。

(4) 在特定时间内，人可能受到各种需求的激励。任何人的需求层次都会受到个人差异的影响，并且会随时间的推移而发生变化。

（二）赫兹伯格的双因素理论

双因素理论是美国心理学家赫兹伯格于 1959 年提出来的，全名叫“激励、保健因素理论”。

通过在匹兹堡地区 11 个工商业机构对 200 多位工程师、会计师调查征询，赫兹伯格发现，受访人员举出的不满的事项，大多同他们的工作环境有关，而感到满意的因素，则一般都与工作本身有关。据此，他提出了双因素理论。

传统理论认为，满意的对立面是不满意，而双因素理论认为：满意的对立面是没有满意，不满意的对立面是没有不满意。因此，影响职工工作积极性的因素可分为两类：保健因素和激励因素。这两种因素是彼此独立的，并且以不同的方式影响人们的工作行为。

所谓保健因素，就是那些造成职工不满的因素，如将其改善能够解除职工的不满，但不能使职工感到满意并激发起职工的积极性。保健因素主要指企业的政策、行政管理、工资发放、劳动保护、工作监督以及各种人事关系处理等。由于保健因素只带有预防性，只起维持工作现状的作用，因此也被称为“维持因素”。

所谓激励因素，就是那些使职工感到满意的因素，唯有将其改善才能让职工感到满意，才能给职工以较高的激励，才能调动积极性，提高劳动生产效率。激励因素包括：有工作表现机会、工作本身的乐趣、工作上的成就感、对未来发展的期望、职务上的责任感，等等。

双因素理论与马斯洛的需要层次理论是相吻合的。马斯洛理论中低层次的需要，相当于保健因素，而高层次的需要相似于激励因素。

双因素理论是针对满足的目标而言的。保健因素是满足人的对外部条件的要求；激励因素是满足人们对工作本身的要求。前者为间接满足，可以使人受到内在激励；后者为直接满足，可以使人受到内在激励。因此，双因素理论认为，要调动人的积极性，就要在“满足”两字上下工夫。

换个角度来看，外在因素主要取决于正式组织（例如薪水、公司政策和制度）。只有公司承认高绩效时，它们才是相应的报酬。而诸如出色地完成任务的成就感之类的内在因素则在很大程度上属于个人的内心活动，组织政策只能产生间接的影响。例如，组织只有通过确定出色绩效的标准，才可能影响个人，使员工认为已经相当出色地完成了任务。

尽管激励因素通常是与个人对他们的工作积极感情相联系，但有时也涉及消极感情。而保健因素却几乎与积极感情无关，只会带来精神沮丧、脱离组织、缺勤等结果。

赫兹伯格的理论认为，满意和不满意并非共存于单一的连续体中，而是截然分开的。这种双重的连续体意味着一个人可以同时感到满意和不满意，它还暗示着工作条件和薪金等保健因素并不能影响人们对工作的满意程度，而只能影响对工作的不满意的程度。

（三）奥德弗的 ERG 理论

奥德弗认为，人们共存在三种核心的需要，即生存（existence）的需要、相互关系（relatedness）的需要和成长（growth）的需要，因而这一理论被称为ERG理论。

(1) 生存需要是指人全部的生理需要和物质需要，也是最基本的需要。组织中的报酬、对工作环境和条件的基本需求等，也包括在生存需要中。这一类需要大体上和马斯洛需要层次中的生理需要和安全需要相对应。

(2) 相互关系的需要是指在工作环境中对人与人的相互关系和交往的需要。这一类需要类似马斯洛需要层次中部分安全需要、全部社交需要以及部分尊重需要。

(3) 成长的需要是指人要求得到提高和发展的内在欲望，表现在人不仅要求充分发挥个人潜能，有所作为和成就，而且还有开发新能力的需要。这一类需要可与马斯洛需要层次中部分尊重需要和整个自我实现需要相对应。

奥德弗认为，各个层次的需要得到的满足越少，则这种需要越为人们所渴望；较低层次的需要越是能够得到较多的满足，对较高层次的需要就越渴望得到满足；如果较高层次的需要一再遭受挫折而得不到满足，人们就会重新追求较低层次需要的满足。例如，成长需要长期受挫，有时也会导致人际关系需要，甚至生存需要的急剧上升。因此，ERG理论不仅提出了需要层次的“满足—上升”趋势，而且还指出了“挫折—回归”的趋势。这一原理更贴近现实中人们行为的特点，也为心理学研究所证实，在管理实践中很有启发意义。

（四）麦克利兰的成就需要理论

20世纪50年代初，美国心理学家戴维·麦克利兰（David Mcdelland）从另一角度提出了他的工作激励理论——成就需要理论。他认为，在人的生存需要得到基本满足的前提下，最主要的需要有三种，即权力需要、合群需要和成就需要。

1. 权力需要

它是指影响和控制别人的一种欲望或驱力。权力需要较强的人喜欢“负责”什么事，喜欢竞争并且能取得较高社会地位的工作，常常追求影响和控制别人。他们一般表现出健谈、善辩、喜欢提出建议甚至教训人等。麦克利兰认为，相对于其他两类需要（即合群需要和成就需要），权力需要是决定管理者取得成功的最重要因素。有许多研究表明，在一定的组织环境中，尤其在规模较大的企业或组织机构中，领导人的权力欲是有效管理的必要条件。

2. 合群需要

它是指人们寻求他人的接纳和友谊的需要。合群需要强烈的人一般渴望获得他人的赞同，高度服从群体规范、忠实可靠。员工的合群需要对生产效率会产生间接的影响。在一个要求与人协作甚至密切配合的工作职位上安排一位具有高度合群需要的人，将会大大提高工作效率；而在一个相对独立的工作职位上安排一位合群需要较低的人，则可能更加合适。

3. 成就需要

它是指一个人追求卓越、争取成功的内驱力。成就需要强烈的人会经常考虑个人事业的前途及发展问题，经常揣摩如何把事情做好并超过他人，经常想做一些与众不同而又独特的事。他们喜欢那些能发挥其独立解决问题能力的工作环境。他们既敢于冒险，又能以现实的态度对待冒险。

麦克利兰认为，成就需要强烈的人往往具有高度的内在工作动机，事业心特别强，把个人成就看得比金钱更重要，从成就中得到的鼓励超过物质鼓励的作用。只要能为他们提供合适的工作环境，使他们充分发挥自己的能力，他们就会感到莫大的幸福。因此，这种人对企业和国家具有重要的作用。一个企业拥有这样的人越多，其发展就越快，获利也越多。一个国家拥有这样的人越多，就会越兴旺发达。与马斯洛等研究需要的学者不同，麦克利兰明确指出，成就需要不是先天的，而是后天的，可以通过教育和培训造就具有高成就需要的人。这一观点对管理者极有启发性。作为管理者，固然要尊重员工的目前需要，并设法予以满足，但更重要的是要按照组织目标重塑职工需要，注重成就教育、强化成就动机、培养更多有高成就需要的人，是管理者的一项重要任务。

二、过程型激励理论

过程型激励理论着重研究的是从个体动机产生到采取具体行为的心理过程。这类理论试图通过弄清人们对付出努力、取得绩效和奖酬价值的认识，以达到激励的目的。这种理论主要包括费洛姆的期望理论、洛克的目标理论和斯金纳的强化理论等。

（一）弗洛姆的期望理论

美国心理学家费洛姆认为：人们只有在预期行为有助于达到某种目标的情况下，才会被充分激励起来，产生内在的激发力量，从而产生真正的行为。这种激发力量的大小等于该目标对人的效价与人对能达到该目标的主观估计（期望值）的乘积。其表示公式是：

激发力量＝效价×期望值

即 $M=V \cdot E$

式中：M 代表动机激发力量，是指调动一个人的积极性，激发出人的内在潜力的强度。它表明人们为达到设置的目标而努力的程度；

V 代表目标效价，指达到目标后对于满足个人需要其价值的大小，是个体对这一成果或目标之有用性的主观估计；

E 代表期望值，这是指个人根据以往的经验进行的主观判断，达到目标并能导致某种结果的概率，即个人据其经验对自己所采取的行为将会导致某种预期成果之可能性的主观估计。

为了使激发力量达到最佳值，费洛姆提出了人的期望模式，如图 8-2 所示。

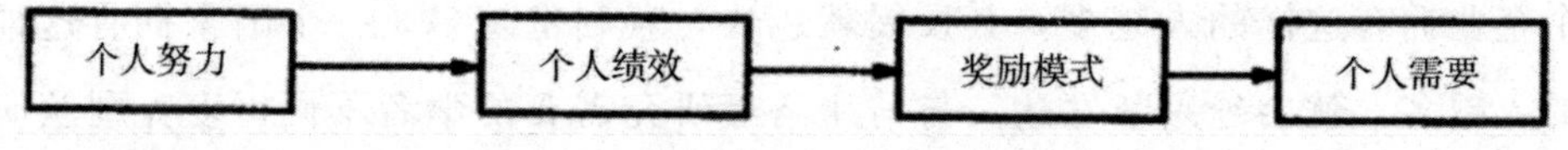

图 8-2 费洛姆的人的期望模式

费洛姆认为，根据人的期望模式，为了有效激发人的动机，需要正确处理好努力与成绩的关系、成绩与奖励的关系、激励与个人需要的关系。具体来说，管理者一方面应当使组织目标的重要性为员工所充分认识、自觉认同，并将员工的个人目标与组织目标紧密联系起来；另一方面，管理者应当积极地为员工完成组织目标创造条件，同时组织目标的高低要恰当确定。

（二）洛克的目标理论

埃德温·洛克（E. A. Locke）是美国马里兰大学心理学教授，在一系列调查和实验基础上于 1968 年提出了目标设置理论。

目标设置理论认为，目标是行为的最直接动机，设置合适的目标会使人产生希望达到该目标的成就需要，因而对人有强烈的激励作用。

目标设置理论认为，任何目标都可以从三个维度来进行分析。第一，目标的具体性，是指目标能够精确观察和测量的程度。第二，目标的难度，是指目标实现的难易难度。第三，目标的可接受性，是指人们接受和承诺目标和任务指标的程度。研究表明，从激励的效果出发，有目标比没有目标好，有具体的目标比空泛的目标好，能被执行者接受而又有较高难度的目标比唾手可得的目标更好。此外，对员工工作情况进行及时反馈，使得员工对自己工作的完成情况有更清楚的认识，将有助于目标的实现。

目标设置理论是组织行为学中较新的一种激励理论，也是组织行为学中较重要的激励理论，它认为合适目标的设置是管理过程中最直接和最有效的激励方法和技术，对人力资源管理具有重大的意义和价值。

(1) 目标是一种外在的可以观察并且可以测量的标准，管理者可以直接设置、调整和控制目标，作为激励员工的重要手段和技术。

(2) 管理者在为员工设置目标的过程中，首先应该尽量使员工参与目标设置，了解并且认同组织目标；其次帮助员工设立具体且有相当难度的目标；最后，对目标的实现应该采取各种形式的激励和肯定，以强化和调动员工完成目标的积极性。

(3) 积极做好目标的反馈。信息的反馈可以增强员工实现目标的积极性，并且使员工及时发现问题，调整方向，从而更好地实现目标。

(4) 促进目标管理的实现。目标设置理论为管理中采用的目标管理技术提供了心理学的理论依据，促进了目标管理的实现。

(三) 斯金纳的强化理论

强化理论是美国哈佛大学教授斯金纳提出的。

斯金纳所倡导的强化理论是以强化原则为基础的关于理解和修正人的行为的一种学说。所谓强化从其最基本的形式来讲，指的是对一种行为的肯定或否定的后果（报酬或惩罚），它至少在一定程度上会决定这种行为在今后是否会重复发生。根据强化的性质和目的可把强化分为正强化和负强化。在管理上，正强化就是奖励那些组织上需要的行为，从而加强这种行为；负强化就是惩罚那些与组织不相容的行为，从而削弱这种行为。正强化的方法包括奖金、对成绩的认可、表扬、改善工作环境和人际关系、提升、安排承担有挑战性的工作、给予学习和成长的机会等。负强化的方法包括批评、处分、降级等，有时不给予奖励或少给奖励也是一种负强化。

强化理论具体应用的一些行为原则如下。

(1) 经过强化的行为趋向于重复发生。所谓强化因素就是会使某种行为在将来重复发生的可能性增加的任何一种“后果”。例如，当某种行为的后果是受人称赞时就增加了这种行为重复发生的可能性。

(2) 要依照强化对象的不同采取不同的强化措施。人们的年龄、性别、职业、学历、经历不同，需要就不同，强化方式也应不一样。如有的人更重视物质奖励，有的人更重视精神奖励，就应区分情况采用不同的强化措施。

(3) 小步子前进，分阶段设立目标，并对目标做明确规定和表述。对人的激励首先要设立一个明确的、鼓舞人心而又切实可行的目标，只有目标明确而具体时才能进行衡量和采取适当的强化措施。同时还要将目标进行分解，分成许多小目标，每个小目标都及时给予强化。这样不仅有利于目标的实现，而且通过不断的激励可以增强信心。如果目标一次定得太高，会使人感到不易达到或者说能够达到的希望很小，这就很难充分调动人们为达到目标而做出努力的积极性。

(4) 及时反馈。所谓及时反馈就是通过某种形式和途径，及时将工作结果告诉行动者。要取得最好的激励效果就应该在行为发生以后尽快采取适当的强化方法。一个人在做了某件事以后，即使是领导者表示“已注意到这种行为”这样简单的反馈也能起到正强化的作用。如果领导者对这种行为不予注意，这种行为重复发生的可能性就会减少以至消失。所以，必须利用及时反馈作为一种强化手段。

(5) 正强化比负强化更有效。所以在强化手段的运用上，应以正强化为主。必要时要对坏的行为给以惩罚，做到奖惩结合。

强化理论只讨论外部因素或环境刺激对行为的影响，忽略人的内在因素和主观能动性对环境的反作用，具有机械论的色彩。但是许多行为科学家认为，强化理论有助于对人们行为的理解和引导。因为一种行为必然会有后果，而这些后果在一定程度上会决定这种行为在将来是否会重复发生。那么，与其对这种行为和后果的关系采取一种碰运气的态度，还不如加以分析和控制，使大家都知道最好的后果应该有什么。这并不是对职工进行操纵而是使职工有一个最好的机会在各种明确规定的备选方案中进行选择。因而，强化理论已被广泛地应用在激励人的行为的改造上。

第三节　员工激励策略

工作效果和水平如何，取决于员工的工作能力和工作态度。工作能力可通过培训来提高，而工作态度由员工的工作动力来决定，只能靠激励来改变。但现在令不少旅游企业感到困惑的是，钱花了不少，也建立并实施了一系列的员工激励制度，但收效甚微，员工对工作还是缺乏热情和积极性。究其原因，主要是激励内容和激励方式较为单一。本节针对旅游企业员工的特点就这一问题对激励的原则、方法和技巧作介绍。

一、旅游企业员工的特点

（一）较强的创新精神和知识创新能力

知识创新能力是旅游企业员工最主要的特点。旅游企业员工之所以重要，并不是因为他们已经掌握了某些秘密知识，而是因为他们具有用知识不断创新的能力。旅游企业员工面对的是多变的、不确定的环境，决定了他们的工作不具有常规性，或没有太多可以参照的模本。与体力劳动者或一般事务人员工作相比，旅游企业员工更可能遇到不可预见的问题，面对崭新的或突发性的问题，需要旅游企业员工具有创新精神和创新能力去解决。

（二）乐于学习和更新知识

终身学习是旅游企业员工的特点之一。从客观环境看，知识和专业技能是保证旅游企业员工获得良好职业和发展机会的重要前提，随着专业领域知识的更新和发展，为避免知识陈旧而被时代所淘汰。他们需要不断更新知识。从主观意愿看，旅游企业员工对知识的认同和尊重、对专业的忠诚和对事业的追求，无疑都是他们主动学习、更新知识的动力。

（三）追求成就感和自我实现

与一般企业员工相比，旅游企业员工对事业有着更执著的追求，他们更多地追求来自工作本身的满足感和成就感，并强烈希望得到社会的承认。他们不会满足于被动地完成一般性事务，而是不断地实现自我超越，把做挑战性的工作视为一种乐趣，把实现挑战性的目标视为自我实现的一种方式。

（四）独立自主性强

旅游企业员工在组织中具有较强的独立性和自主性，对组织的依赖性较小。这种独立自主性，表现在工作态度上，就是较为自觉和主动；表现在工作方式上，则较有主见有想法，不愿意被他人和传统做法所左右，更不愿意受到较多的控制和约束，但同时也重视来自组织的必要支持，表现在工作环境上，则要求较为灵活的工作场所、工作时间和宽松的组织扭转，即倾向一个更为自主的工作环境，强调自我管理和自我约束。

（五）流动意愿强

旅游企业员工具有较强的流动意愿，不希望终身在一个组织中工作。旅游企业员工的高流动性，既有外部动因，也有内在动力。首先，人才稀缺与日益增长的人才需求，使人才面临多种流动诱因和流动机会。随着世界经济的一体化，人才竞争和人才流动也日趋国际化。其次，人才流动成为人才价值增值与价值实现的一种途径。员工由追求终身就业饭碗转向追求终身就业能力，通过流动实现增值，使得人才流动具有内在动力。

二、激励的原则

（一）建立激励性组织的基本原则

1. 制度化与人性化相结合

激励性组织的激励效应更多的是通过组织的人性方面的因素作用的结果。但是，制度化是激励性组织的基础。很难想象，没有经过制度化管理磨炼的组织，或者说缺乏制度保障的组织，只需依靠人性化因素就能够保证组织的效率。激励性组织的效率正是制度化与人性化相结合的结果。因此，在建立激励性组织的工作中，既要设计合理的行为规范和奖惩制度，又要领导者和管理者身体力行的贯彻执行。也就是说，组织不能指望一套激励机制单独地起作用。激励的对象是人，人在感情方面的需要只能依靠其他人来相互满足。光有奖惩制度和先进的技术是远远不够的，激励课题的积极性在某些时候要靠激励主体本身的出现来调动。

2. 长期激励计划与短期激励措施相结合

激励性组织的激励资源，既要有在较长时间后才能分配的，又要有在短期内兑现的。短期激励措施与特定的工作任务相结合，而长期激励计划与长远发展目标相结合，最重要的是，远大目标本身就具有激励作用。短期激励措施能直接起作用，而长期激励计划能使员工的某种符合要求的行为保持下去。一般而言，内在性激励因素能起长期的激励作用，而外在性激励因素只能起短期的激励作用。

3. 相对稳定与适度竞争相结合

员工进入一定的组织，标志着职业的暂时稳定。但是，过分的安全感并不利于员工发挥创造性和积极性。在组织内部建立岗位竞争制度和引进组织外部人才市场的竞争，将有利于组织保持旺盛的活力。在中国一些企业的人事制度改革中，实行“岗位能上能下、员工能进能出、待遇能高能低”的措施，在调动员工积极性方面取得了积极的效果。

4. 满足需要与引导需要相结合

满足员工需要是调动员工积极性的着力点。但是，一味地满足员工的需要，将会带来激励工作的被动局面和激励工作的偏差。组织在满足员工需要的同时，还要运用教育和同化措施来引导需要，向组织员工灌输符合社会需要和组织需要的价值观，并使组织的价值观内化于组织员工。这样，员工就会积极地工作。组织向员工灌输的价值观，一方面能引发员工的合理行为，另一方面还能限制他们的不合理行为，这正是组织希望取得的效果。

5. 领导推动与全员参与相结合

建立激励性组织，其本身反映了组织或领导的良好意图，这种意图要与员工的良好愿望结合起来。结合的方式是组织员工的全员参与。全员参与的目的就是让全体员工表达他们自己的真心愿望。员工的良好愿望（或远景）能否被组织支持和容纳，直接决定着组织员工对组织远景的认同。组织领导不仅要认真向员工宣传远景，亲自推动能反映出建立激励性组织个人远景的基础上的组织远景计划，还要身体力行地宣传远景。领导的亲自推动能反映出建立激励性组织、改进激励水平和增进组织所有员工利益的决心和信心。当然，领导推动和员工的全员参与远不止于在远景计划这一个方面。在制定实现远景的策略和建立新型的上下级关系方面，只依靠领导或员工的单方面努力是不可能成功的。

6. 阶段性与持续性相结合

从短期来看，可以完成建立激励性组织的一系列步骤。但建立激励性组织并不是一劳永逸的任务。就激励性组织而言，其本身也是处于不断发展之中的。管理激励的最高境界，并不意味着激励工作的终止，这是由人类需要的发展和员工自身的成长决定的。员工的自我激励状态在很大程度上是他在某一时段上的表现，长期的激励效应还依赖于组织本身的发展。反过来说，激励性组织的发展依赖其员工的发展，这一判断同样是成立的。这样就出现了组织和个人之间相互促进、共同发展、不断超越的良性循环状态。这也就是激励性组织建设的持续性。一般而言，为了保持组织长期的激励效应，需要持续地学习和修炼。建立激励性组织的阶段性和持续性原则也是事物发展的曲折性和前进性的客观要求。

（二）员工激励的基本原则

1. 目标结合原则

在激励机制中，设置目标是一个关键环节。目标设置必须体现组织目标的要求，否则激励将偏离实现组织目标的方向。目标设置还必须能满足员工个人的需要，否则无法提高员工的目标效价，达不到满意的激励强度。只有将组织目标与个人目标相结合，使组织目标包含较多的个人目标，使个人目标的实现离不开为实现组织目标所做的努力，这样才会收到良好的激励效果。

2. 物质激励与精神激励相结合的原则

员工存在着物质需要与精神需要，相应的激励方式也应该是物质激励与精神激励相结合。鉴于物质需要是人类最基础的需要，但层次也最低，物质激励的作用是表面的，激励深度有限。因此，随着生产力水平和人员素质的提高，应该把重心转移到以满足较高层次的需要，即社交、自尊和自我实现需要的精神激励上去。换句话说，物质激励是基础，精神激励是根本，在两者结合的基础上，逐步过渡到以精神激励为主。在这个问题上应该避免走极端，迷信物质激励的拜金主义，迷信精神激励导致的唯意志论。事实证明两者都是片面的、有害的。

3. 引导性原则

社会实践意义上的激励，一般指的是外激励，即采取措施，强化组织成员的动机，调动人的积极性。外激励措施能不能取得预期的效果，不仅取决于激励措施本身，而且取决于被激励者对激励措施的认识和接受的程度。在被激励者看来，激励不是强加的，而是自觉接受的；自我感受不是压抑、痛苦，而是愉快、兴奋。这就是说，外激励措施只有转化为被激励者的自觉意愿，才能取得激励效果。因此，引导性原则是激励过程的内在要求。此外，外激励的主要目的是要把个体成员的积极性集中到组织目标上来，实现这一要求同样不仅取决于激励措施。因为对不同价值观念的人实现的激励效果不一样的。例如，在利益关系中如何处理个人、集体和国家利益关系，就是一个和价值观念密切相关的问题。因此，管理者必须加强教育，积极引导，使被激励者确立正确的价值观念，才能取得预期的激励效果。

4. 合理性原则

激励的合理性原则包括两层含义。其一，激励的措施要适度。企业要根据所实现目标本身的价值大小确定适当的激励量，过大或过小都会影响激励的效果。其二，奖惩要公平。激励往往通过奖励和惩罚来实现。奖就是对符合社会价值标准和组织目标的进步、积极的行为给予奖励；惩就是对与此相反的行为，即落后、消极甚至越轨行为给予惩罚。奖惩公平就是要坚持该奖则奖，该重奖则重奖，该罚则罚、该重罚则重罚。合理要求公平，不公平也就不合理，只有公平合理才有说服力、号召力；被激励者才能心悦诚服，在稳定的情绪状态下强化动机，提高行为力度。

5. 明确性原则

激励的明确性原则包括三层含义。其一，明确。激励的目的是需要做什么和必须怎么做。其二，公开。特别是涉及分配奖金等大量员工密切关注的问题时，更为重要。其三，直观。实施物质奖励和精神奖励时都需要直观地表达它们的指标，即给予奖励和惩罚的方式。直观性与激励影响的心理效应成正比。

6. 时效性原则

管理者要把握激励的时机，“雪中送炭”和“雨后送伞”的效果是不一样的。人们作出一番努力取得成绩后，对于自身价值有一种期望得到社会承认的心理，尤其是在作出特殊贡献之后，最大的愿望莫过于得到及时的肯定。激励越及时，越有利于将人们的激情推向高潮，使其创造力连续、有效地发挥出来。

7. 正激励与负激励相结合的原则

根据美国心理学家斯金纳的强化理论，可把强化（即激励）划分为正强化和负强化。正负激励都是必要而有效的，不仅会作用于当事人，而且会间接地影响周围其他人。通过树立正面的榜样和反面的例子，扶正祛邪，形成一种好风气，使整个群体和组织的行为更积极、更富有生气。但负激励具有一定的消极作用，容易使员工产生挫折心理和挫折行为，应该慎用。因此，管理者在激励时应该把正激励与负激励巧妙地结合起来，坚持以正激励为主，负激励为辅。为了贯彻这一原则，管理者应该严格管理与心理疏导、思想工作相结合，使员工外有压力，内有动力。

三、激励的方法

员工激励的手段主要有物质激励、精神激励和危机激励等。具体叙述如下。

（一）物质激励

无论在远古还是现代，物质条件一直是人类社会最根本的基础，也是家庭和个人存在和发展的最根本的保障。由于旅游企业的行业特点，其员工思想比较活跃，他们与外界世界的各种交往比较多，眼界开阔，要求改善物质生活条件的期望值较高，物质激励是旅游企业必不可少的一种激励方式。物质激励就是企业对员工的良好工作表现和工作绩效所给予的金钱嘉奖或实物报酬。具体地说，物质激励是企业为了使员工从物质利益上关心超额完成工作计划，提高工作效率，改进工作质量，节约人、财、物力等，按照事先规定的奖励制度进行考核，支付薪酬的一种激励形式。对于经济学家和绝大多数管理者来说，他们倾向于把金钱放在高于其他物质奖励的地位。然而行为科学家则倾向于把金钱放在次要地位。也许这两种看法都不是正确的。但如果要使金钱能够成为和应该成为一种激励因素，则管理者必须记住下面几点。

(1) 对不同的人，金钱的重要性不同。金钱，对那些抚养一个家庭的人来说要比那些已经“功成名就”、在金钱的需要方面已不再是那么迫切的人，其重要性要大得多。金钱是获得最低生活标准的主要手段，虽然这种最低标准随着人们日益富裕而有提高的趋势。例如，一个人过去曾满足于一套小住房和一辆廉价汽车，现在则要有一套又大又舒服的房子和一辆豪华的轿车才能使他得到同样的满足感。即使在这些方面，我们也还不能一概而论。对于某些人来说，金钱总是极端重要的，而对另外一些人可能从来就不那么看重。

(2) 在大多数工商业和其他企事业中，金钱实际上是用来为保持一个组织机构配备足够人员的手段，而并不作为主要的激励因素，这可能是十分正确的。各种企业在他们的行业和地区范围内使工资和奖金具有竞争性，以便吸引和留住他们的员工。

(3) 金钱作为一种激励因素，往往十分注意确保企业各层管理人员在相应的级别上得到相同或大体相同的薪酬，这样做的好处是大家可参照职位相当的人的收入来评价自己的薪酬。

如果要使金钱成为一种有效的激励因素，则对于在各种职位上的人们，即使是级别相当，给予他们的薪水和奖金也必须能反映出他们个人的工作业绩。也许企业不得不实行可比工资和薪金的办法，但一个管理良好的企业绝不要求对相同的业务在奖金方面加以限制。实际上很明显，除非奖金主要是根据个人业绩来发放，否则会出现企业尽管发了奖金，对员工也不会有很大激励作用的现象。要保证金钱作为对完成任务的薪酬，而且作为由于完成任务而使人们满意的一种手段是具有意义的一种方法，就要尽可能根据业绩进行补偿。

金钱只有当预期得到的薪酬与目前个人收入相比差距较大时，才能起到激励作用。问题是很多旅游企业增加了工资和薪水，甚至支付了奖金，但没有大到足以激励这些接受者的程度。它们可能免于使员工产生不满和不致另外去找工作，但除非它们大到足以使人感觉到有相当大的差距，不然的话，金钱便不会成为一种强有力的激励因素。

（二）精神激励

精神激励是十分重要的激励手段，它通过满足员工的社交、自尊、自我发展和自我实现的需要，在较高层次上调动员工的工作积极性。其激励强度大，维持时间长。

1. 目标激励

目标激励是利用一定目标对动机的刺激作用，去激励人的积极性、主动性、创造性的方法。它把员工的个人目标与集体目标结合起来形成目标，从而成为对员工产生激励作用的有效方法。

实行目标激励的好处体现在三个方面：首先，可以使员工看到自己的价值和责任，一旦达到目标就会获得一种满足感；其次，有利于上下左右的意见沟通，减少达成目标的阻力；最后，能使职工个人利益与企业目标相统一。在运用目标激励时，应该努力提高目标的价值，科学地设计目标，将总目标和阶段性目标有机地统一起来。由于各个分目标都是目标的有机组成部分，是实现总目标必经的阶段或步骤，所以分目标的实现可以使人们逐渐接近总目标，感到总目标的实现不是高不可攀，从而激发人们实现总目标的积极性。

2. 示范激励

示范激励也称为典型示范，是指通过先进人物与典型事件来影响和改变个体或群体的观念和行为的一种激励方法。

榜样示范发挥激励作用需要一定的条件。示范由示范原型、示范场、示范效应三部分构成。示范现象的来源称为示范原型，它包括先进人物和典型事件；示范场是指示范原型发生示范作用的范围和条件；示范效应即是示范原型在特定的示范场中对个人和社会的影响强度和深度。从示范原型的类型来看，示范效应可以分为两类：一类是原发型示范效应，即示范原型在没有通过宣传的情况下自发产生影响；另一类是树立型示范效应，即示范原型的言行得到企业的肯定和赞扬，并通过规定、舆论、宣传媒介等形式被确立为一定范围的效仿榜样。原发型是树立型的前提和基础，树立型是原发型的完善和提高，是自觉的示范形式。

由于管理者在示范效应场中的示范效应系数最大，即在诸多信息参照系统中，管理者的参照系数的辐射力是最强的，因此，尤其要强调管理者本人的身先士卒、率先垂范。管理者的良好言行本身是一种榜样力量。此外，管理者良好的言行，通过暗示和模仿对员工产生影响，也可以促进一个企业良好风气的形成。

3. 参与激励

作为激励理论和研究的结果而受到强有力支持的一种方法，就是员工参与。其含义是发掘员工的潜能，鼓励员工对企业成功作更多的努力而涉及的一种参与过程。其隐含的逻辑是通过员工参与影响他们的决策和增加他们的自主性和对工作生活的控制，员工的积极性会更高，对组织会更忠诚，生产力水平会更高，对他们的工作更满意。

员工参与主要形式有参与式管理、代表参与、质量圈和员工股份所有制方案。

参与式管理的主要特征是对共同决策的使用，也就是下级在很大程度上分享其直接监管者的决策权。实行参与管理有许多原因：当工作变得复杂时，管理者常常不能了解员工所做工作的详细情况，而参与管理允许了解工作的人参与决策，结果可能是更完善的决策。在现在的工作中，员工工作中的相互依赖也需要和其他部门或单位的人共同商议，这增加了团队和群体会议的需要，以解决共同影响他们的问题。参与还可以增加对决策的承诺。如果员工参与了决策过程，在实施决策时他们便不可能反对这项决策。最后，参与为员工提供了内部奖励。因为参与是一种赏识的手段，它能满足归属的需要和受人赞赏的需要。尤其是它给人以一种成就感，它会使员工的工作更有趣和更有意义。但是鼓励员工参与管理不应该意味着主管人员削弱他们的职守。虽然他们鼓励下属人员参与一些以后能有帮助的事情，虽然他们仔细地听取下属的意见，但对那些需要他们来决策的事情，仍然必须由他们自己来作决定。最好的下属人员不会以任何方式干预上级。

代表参与是指员工不直接参与决策，而是由一部分员工代表进行参与。在西欧，几乎所有的国家都以某种形式的立法要求公司实行代表参与。代表参与已被认为是“世界上最广泛的以立法形式出现的员工涉入形式”。代表参与的目的是在组织内重新分配权力，把员工放在和资方、股东的利益更为平等的地位上。代表参与最常用的形式是工作委员会和董事会代表。工作委员会是一群被任命的或被选举出来的员工，当管理部门做出人事决策时必须与之协商。董事会代表是进入董事会并代表员工利益的员工代表。在一些国家中，法律要求大公司必须确保员工代表和股东代表在董事会中拥有相同的席位。

代表参与对员工的整体影响是微乎其微的。有证据表明，工作委员会成员由管理层控制，对员工或组织几乎没有什么影响力。尽管代表参与的这种形式可能会提高这些代表的满意度和激励水平，但对于那些被代表者而言，却并非如此。总之，代表参与的最大价值只是象征性的，如果主管者对改变员工态度或提高组织绩效感兴趣，代表参与不是一个好的选择。

质量圈的理论基础是全面质量管理，倡导员工参与企业管理，激励发员工工作积极性。它起初在美国使用，传到日本，20 世纪 80 年代在北美和欧洲十分流行的质量圈是由 8～10 名员工和管理者组成的，共同承担责任的一个工作团体。他们定期会面（常常是每周一次），讨论质量问题，探讨问题的成因，提出解决问题的建议以及实行纠正措施。他们承担着解决质量问题的责任，对工作进行反馈并对反馈进行评价，但管理层一般保留建议方案实施与否的最终决定权。当然，员工也不一定具有分析和解决问题的能力。因此，一部分质量圈思想也包含给参与的员工讲授群体沟通技巧、各种质量策略，测量和分析问题的技术。

员工股份所有制方案是指员工持有公司的一部分股票，通常的做法是公司把股票或购买股票的现金委托给信托部门，然后再把股票分给员工。虽然员工持有公司股票，但只要受雇于公司，他们一般不能获取股份所代表的实物，也不能出售自己的股票。例如，在宝利来公司，约有 20％的股票为员工所有，在美国联合航空公司（Unit Cd Airlines）约有 55％的股票为员工所有。

4. 情感激励

人与动物的基本区别是人有思想感情。感情因素对人的工作积极性有重大影响。情感激励就是管理者加强与员工的感情沟通，尊重员工、关心员工，与员工之间建立平等和亲切的感情，让员工体会到管理者的关心、企业的温暖，从而激发出员工的主人翁责任感和爱企如家精神。

情感激励包括非言语的情感激励和言语的情感激励，如同情、支持、信任、关怀、爱护、体贴、友情、鼓励、批评和冷漠等。

尽管人的情感是一种复杂的心理活动，但是情感激励这种活动仍然可以通过面部表情、身体活动的姿态、动作和手势表现出来。例如管理者的脸部表情有微笑、愤怒，手势有肯定、否定等。管理者情感的感染力能够控制和影响员工的情感，形成激励。

语言是人类交际的工具。管理者与员工谈话往往会带有浓厚的感情色彩，会引起员工积极的或消极的心理反应。管理者与员工谈话时，要尊重对方，平易近人，以诚相待。双方在感情上相互感应，能融洽上下级的关系，形成激励。

（三）危机激励

现代社会是一个快速发展的社会，有发展就会有竞争，只有在竞争中才可以进步。在实施物质激励和精神激励的同时，危机激励自然不应忽视。从心理学上讲，每个人在一定的条件和环境下会产生恐惧心理、危机意识。同时这种心理、意识在一定条件下可以促使向相反的方向发展，产生意想不到的效果。应用到激励理论中，是可以通过社会环境的竞争和企业内部的竞争来增加企业员工的危机感，达到使企业更快发展，为企业带来更大的利润。目前由于一系列的环境变化，给中国旅游带来新的危机。由于经济全球化，带来的结果是整个世界在某些领域融为一体，实现资源共享、人才共享针对这样的情况，哪个企业争取到高、精、尖的人才，这个企业就会在强手如林的竞争中获得生存和发展，否则就会被挤垮、倒闭。所以，从社会环境来讲，危机激励能促进整个旅游企业的发展。当然，企业运作离不开员工，在企业内部实施激励机制则可以对员工起到更好的作用。由于企业内部有明确分工，薪金有多有少，职位有高有低，同时还有整个社会大环境的影响，则可以在企业内部实行明确的升迁、降职等一系列奖惩制度。这样可以在企业内部通过这种危机激励的方式，带来企业的发展、强大、长久。

居安思危，不只对一个国家，对企业、个人来说都适用。所以旅游企业要发展，这种方式不可少。而且从某种程度上讲，危机激励可以归属到精神激励里面，之所以单列出来，正是说明其重要。

以上只是激励的常见做法，在实际工作中，企业的管理者尤其是旅游企业的管理者应该针对旅游业的行业特点，从实际出发综合运用不同方法，以求收到事半功倍的效果。

四、激励的技巧

旅游企业职工的工作动机一般来说取决于职工从工作与服务中获得些什么（外在的物质满足，如待遇、奖金、津贴等），还取决于管理人员所作出的工作安排与外在报酬的内在满足（心理需求的满足，如社会的认可感、社会的尊敬、个人能力的最大化发挥等）。心理学家詹姆士在实地考察中发现，一个人平常表现的工作能力与经过激发可能达到的工作能力和水平之间存在着大约60%左右的差距。所以作为旅游企业的管理部门，还应考虑到职工心理的因素，如何来调动员工工作的积极性。

（一）根据员工的个性类型采用不同的激励手段

给员工分类很重要，因为不同的激励方式能够激励不同类型的员工。无论什么类型的员工，他们都有一个共性：对目标的不懈追求。只要激励方法得当，就能收到预期效果。

1. 竞争型员工的激励

竞争型员工在激励竞赛中表现特别活跃。激励竞争型员工最简单的办法就是很清楚地把胜利的含义告诉他。他们需要各种形式的定额，需要有办法记录成绩，而竞赛则是最有效的方式。企业领导者必须明白，优秀的服务员、销售员本身已经具备强大的内在驱动力，这种驱动力可以引导，可以塑造，但却教不出来。因而给予他们最佳的激励方式便是巧妙地挑起竞争者之间的竞赛。

2. 成就型员工的激励

成就型员工是理想的服务、销售人员，他们自己给自己定目标，而且比别人定得高。只要整个团队能取得成绩，他们不在乎荣誉归谁，是优秀的团队成员。激励成就型员工的方式有好几种，一是要确保他们不断地受到挑战；二是不去管他们，因为成就型的员工会像企业领导者那样进行战略思考，制定目标并担负责任。

3. 自我欣赏型员工的激励

自我欣赏型员工突出的特点是他们感到自己很重要，因此，激励这种类型员工的最佳方式便是让他们如愿以偿，让他们带几个实习生来激励他们不断进取。因为实习生达到了目标，就证明他们指导有方，但是想令实习生信服，前提是他们必须要有业绩做后盾。

4. 服务型员工的激励

服务型员工通常花很多时间接待顾客并与顾客联系，但是他们的个性决定他们的业绩不会很大，因而他们往往不受重视，激励这些默默无闻的员工的一个方式是公开宣传他们的事迹，在大会上表扬他们。

（二）灵活运用物质激励与精神激励

企业给员工的奖励各不相同，而企业经营者要做的绝不是年终发一个红包那么简单，更重要的是对人的精神上的鼓励。因为这种精神上的鼓励往往能给人带来某种成就感。而成就感对事业达到一定程度的人，比钱更重要。将物质激励和精神激励结合起来，当然更有效。对于工作突出的人，在全公司的范围内当众发奖，并给以提升，想来当事人的感觉一定不坏。此外，还可以将奖金以变通的方式发放下去，比如，同样是9000元钱的开销，将9000元奖金折合成一次出国旅行，或者进行一次对他以后非常有利的培训，会更令受奖者兴奋。

（三）适当控制期望概率

获奖期望概率，即员工主观上认为自己获奖机会的大小。一般来说，在劳动竞赛的动员阶段，应该提高广大员工的期望概率，使大家都以积极的姿态响应竞赛。当工作中遇到困难和挫折，灰心失望，信心不足时，则应及时地加以鼓励，使下降的期望值重新升高，充满信心、克服困难：当进入评比发奖阶段时，一般员工的期望概率往往普遍偏高，这时的工作是促使大家冷静、客观，使期望概率降到比较接近实际的水平，否则会诱发一系列挫折心理和行为。

（四）注重心理疏导

如上所述，每次评奖阶段是员工期望心理高涨的时刻，希望评上一等奖的员工，一般是大大多于实际评上一等奖的人数，一旦获奖名单公布，其中一些人就会出现挫折感和失落感。解决这个问题的办法是及时对员工的期望心理疏导。疏导的主要方法是目标转移法，将其目标引导到“下一次”“下一轮”竞赛，淡化过去，着眼未来。特别要及时消除“末班车”的心态，以预防争名次、争荣誉、闹奖金等行为的发生。

（五）注重奖励时机和奖励频率

奖励时机直接影响激励效果。奖励时机又与奖励频率密切相关，奖励频率过高和过低，都会削弱激励效果。奖励时机和奖励频率的选择要从实际出发，实事求是地确定。一般来说，对于十分复杂、难度较大的任务，奖励频率宜低；对于比较简单、较易完成的任务，奖励频率宜高；对于目标任务不明确，需长期方可完成的任务，奖励频率宜低；对于目标任务明确，需长期方可见效的工作，奖励频率宜高；对于只注意眼前利益、目光短浅的人，奖励频率宜高；对于需要层次较高，事业心很强的人，奖励频率宜低；在劳动条件和人事环境较差、工作满意度不高的企业，奖励频率宜高；在劳动条件和人事环境较好，工作满意度较高的企业，奖励频率宜低。

当然，奖励频率与强度应恰当配合，一般而言，两者呈反向相关关系，要做到奖惩及时，根据斯金纳的强化理论，强化应及时提供，否则激励效果将大打折扣。因此，宜采用“大目标与小步子相结合的方法”，将大目标层层分解为小目标，每达到一个小目标就强化一次。这种及时的强化，在时效上会增强激励效果。也就是说，奖励应有一定的额度。同样，惩罚应及时，在大家印象最深刻时进行负强化，如果过了几个月或一年后才惩罚，则难以产生应有的效果。

第九章　旅游企业劳动关系管理

第一节　概述

随着旅游企业改革的深入发展，我国原来单一的产权关系正逐步向多元的产权关系转化。形成由多层次、多元化、多种形式共存的所有制结构。企业所有制的多元化意味着企业中劳动关系的复杂化，企业人力资源管理部门正面临着前所未有的挑战。

一、劳动关系的含义

1995 年 1 月 1 日，我国开始实施《中华人民共和国劳动法》（以下简称《劳动法》），对劳动关系做出了明确的界定。

《劳动法》中的劳动关系（labor relations）不是泛指一切劳动者在社会劳动时形成的所有的劳动关系，而是指劳动者与所在单位（包括各类企业、个体工商户、事业单位等）在实现劳动过程中发生的社会经济关系。

从广义上讲，生活在城市和农村的任何劳动者与任何性质的用人单位之间因从事劳动而结成的社会关系，都属于劳动关系的范畴。

从狭义上讲，现实经济生活中的劳动关系是指依照国家劳动法律法规规范的劳动法律关系，即双方当事人是被一定的劳动法律规范所规定和确认的权利和义务联系在一起的，其权利和义务的实现，是由国家强制力来保障的。

劳动法律关系的一方（劳动者）必须加入某一用人单位，成为该单位的一员，并参加单位的生产劳动，遵守单位内部的劳动规则；而另一方（用人单位）则必须按照劳动者的劳动数量或质量给付其报酬，提供工作条件，并不断改进劳动者的物质文化生活。依据劳动法律、法规形成和调整的劳动关系是劳动法律关系，其由三个要素构成：主体、内容、客体。劳动法律关系的参与者为劳动关系的主体，包括劳动者、劳动者的组织（工会、职代会）和用人单位。

二、劳动关系的特征

（一）劳动关系主要有以下几个特征

（1）劳动关系是在现实劳动的过程中发生的关系，是以劳动为目的，以劳动力与生产资料相结合为方式，在人们运用劳动能力，作用于劳动对象、实现劳动过程中发生。

（2）劳动关系的主体，一方是劳动者，另一方是提供生产资料的企业。

（3）劳动关系具有自然关系和社会关系双重属性。劳动关系不仅表现为单纯的劳动力的使用和被使用关系，即人与自然的关系，还包含着复杂的社会经济、政治、文化、道德等的社会关系。

（4）劳动关系以劳动力的使用为核心，形成了二元权利结构。一方面，劳动力是劳动者自身的产物，归劳动者个人占有、使用和支配。但是另一方面，在社会化大生产的条件下，劳动者个人不能占有生产资料，劳动者将其劳动力使用权让渡给用人单位，由用人单位根据生产劳动的需要对劳动力进行分配和安排，以同其生产资料相结合。

（5）劳动关系是人身关系属性和财产关系属性相结合的社会关系。由于劳动力与劳动者人身不可分离，因而劳动关系在此意义上说是一种人身关系。由于劳动者是以让渡劳动力使用权来换取生活资料，用人单位向劳动者支付工资等物质待遇，就此意义而言，劳动关系同时又是一种以劳动力交易为内容的财产关系。

（6）劳动关系是平等性与隶属性兼有的社会关系。其平等性表现在劳动者与用人单位之间，通过在劳动力市场相互选择和平等协商，以劳动合同的方式确立劳动关系，并可通过平等协商来延续、变更或终止劳动关系。其隶属性表现在劳动关系一旦建立，劳动者就成为用人单位的一名职工，遵守用人单位的规章制度，从而构成了一种隶属主体之间的管理和被管理的关系。

（7）劳动关系的确立、变更和终止以及在劳动过程中主体的权利义务，都以特定方式实现。在不同历史时期和不同经济体制下，实现方式有所不同。

（二）《中华人民共和国劳动法》所规范的劳动关系在法律上的特征

《中华人民共和国劳动法》所规范的劳动关系表现在法律上的特征主要包括：

（1）劳动机会是用人单位给予的，劳动者对外以用人单位人员的名义从事劳动。

（2）双方存在劳动法所规定的权利义务关系，劳动者以劳动换取用人单位的报酬。

（3）用人单位行使管理权，劳动者需按用人单位的要求或安排及单方制定的规章制度进行劳动。

这些特征也常用来证明旅游企业与其员工尤其是导游员与旅行社存在的劳动关系。因为《导游员管理条例》规定："导游员是接受旅行社的委派，以委派的旅行社名义为游客提供向导、讲解及相关旅游服务的人员。"第一，导游员是为旅行社工作的，在游客及政府部门看来导游员就是旅行社的导游，他的行为是职务行为，对外代表旅行社；第二，导游员的劳动报酬表面看不是旅行社给的，是从游客身上获取的，但实质上，没有得到旅行社的同意，导游员的这种收入是不能实现的；第三，导游员必须按旅行社单方制定的行程服务，在带团中导游员无权更改。因此，尽管很多导游员没有明确的书面劳动合同，符合这些法律特征就应该被视为与旅行社存在着事实劳动关系。

三、劳动关系的主要内容

劳动关系包括劳动者与用人单位之间在工作时间、休息时间、劳动报酬、劳动安全卫生、劳动纪律与奖惩、劳动保险、职业培训等方面形成的关系。此外，与劳动关系密不可分的关系还包括：劳动行政部门与用人单位、劳动者在劳动就业、劳动争议和社会保险等方面的关系，工会与用人单位、员工之间因履行工会的职责和职权及代表和维护员工合法权益而发生的关系等。

四、劳动关系的主要类型

按照不同的角度，劳动关系可以有多种分类方法。

1. 按实现劳动过程的方式来划分

劳动关系分为两类，一类是直接实现劳动过程的劳动关系，即用人单位与劳动者建立劳动关系后，由用人单位直接组织劳动者进行生产劳动的形式，当前这一类劳动关系居绝大多数；另一类是间接实现劳动过程的劳动关系，即劳动关系建立后，通过劳务输出或借调等方式由劳动者为其他单位服务实现劳动过程的形式，这一类劳动关系在很多旅游企业如旅行社、旅游车船公司等今后还会逐年增多。

2. 按劳动者是否在编分类

可分为用人单位与正式工之间的劳动关系和用人单位与临时工之间的劳动关系。

3. 按生产资料所有制不同分类

可分为全民所有制企业劳动关系、集体所有制企业劳动关系、个体经济组织劳动关系、外商投资企业劳动关系、私营企业劳动关系等。

4. 按劳动关系的具体形态来划分

可分为常规形式，即正常情况下的劳动关系；停薪留职形式；放长假的形式；待岗形式，下岗形式；提前退养形式；应征入伍形式等。

5. 按劳动关系规范程度划分

可分为规范的劳动关系（即依法通过订立劳动合同建立的劳动关系），事实劳动关系（是指未签订立劳动合同，但劳动者事实上已成为企业、个体经济组织的成员，并为其提供有偿劳动的情况）和非法劳动关系（如招用童工和无合法证件人员，无合法证、照的用人单位招用劳动者等情形）等。

随着社会主义市场经济体制的建立和改革的不断深入，旅游企业的劳动关系日益呈现出市场化、多元化的发展趋势。

五、劳动关系形成的主要形式

1. 以人身依附为前提形成的劳动关系

奴隶制社会和封建社会时期形成的劳动关系是以人身依附为前提的。统治阶级占有基本的生产资料，被统治者没有充分的人身自由，没有政治权利，无法摆脱人身依附关系而成为相对独立的个体，他们与依附对象所形成了单向的义务关系。

2. 以行政性手段维系的劳动关系

以行政性手段维系的劳动关系，是指劳动者与用人单位按照有关行政机关的指令要求确立的劳动关系。一般情况下，劳动者凭有关行政机关的指令性文书到指定的用人单位报到而成为该用人单位的一名职工，用人单位也凭此接受指定的劳动者为职工。按照这种方式，劳动者和用人单位都有义务服从行政机关的分配和安排，无正当理由不得拒绝。此种方式是计划经济条件下普遍采用的方式。随着市场经济体制的建立，行政方式已在企业废止，只在特定的用人单位实行。

3. 以市场契约为保证的劳动关系

从 20 世纪 80 年代中期中国开始试行以市场契约为保证的劳动关系，如今已在各类用人单位中广泛实施。中国的法律规定，用人单位与劳动者依法建立劳动关系，应该书面订立有固定期限、无固定期限或以完成一定的工作为期限的劳动合同。按照这种方式，用人单位通过发招聘书或刊登广告，由劳动者到用人单位应聘或由用人单位通过劳动力市场与劳动者相互选择，在平等自愿、协商一致的基础上订立劳动合同，明确双方的权利和义务。一般劳动合同签订之日就表示双方劳动关系正式发生，这种方式是市场经济国家确定劳动关系的基本方式。

六、影响劳动关系的主要因素

企业劳动关系状况受众多因素影响，主要包括如下内容。

1. 经济环境因素

影响劳动关系的经济环境，是一种最基础的社会关系。市场的变化、技术的进步、就业结构和就业方式的变化以及影响财富分配的社会政策的改变，都会通过失业率、工资水平及就业结构影响劳动关系。

2. 社会和文化环境因素

社会和文化因素与经济和政治因素相互影响相互作用，共同决定和影响着劳资关系的存在和发展。劳动关系的社会环境主要是指社会发展公平程度、社会阶层结构状况和社会文化状况。广泛的文化价值和意识形态实质上会形成对工作以及对从属性、依赖性和其他可变因素的关系的态度。

3. 政治法律环境因素

一个国家的政治法律环境，对劳动关系系统的影响至关重要。政治法律环境是影响劳动关系系统的重要外部环境因素。政治法律环境主要指总的政治形式及立法和司法现状，包括政治制度、党派关系、法律法规以及国家产业关系政策等。

七、劳动关系研究的意义

劳动关系是现代社会最重要的社会经济关系之一，是人力资源管理的主要内容之一。它关系着劳动者的利益和企业的利益，关系着整个国家的经济发展和社会稳定。

（1）劳动关系研究有助于保障企业与员工的互择权，可以实现生产要素优化配置。

（2）劳动关系研究有助于保障企业的正当权益，可以调动各方面的积极性。

（3）劳动关系研究有助于提高员工的生产率。良好的劳动关系可以使员工心情愉快地工作，有利于提高员工的积极性和工作绩效。

（4）劳动关系研究有助于提高工作生活质量。良好的劳动关系有助于促进劳动者及其代表以合作的态度，协商解决与其切身利益相关的问题。

第二节　劳动关系管理

一、劳动合同

根据2007年颁布的《中华人民共和国劳动合同法》（以下简称新《劳动合同法》）第16条规定，用人单位与劳动者建立劳动关系，应当订立书面劳动合同。因此，旅游企业人力资源管理部门只有了解和掌握劳动合同的有关知识，才能在实践中正确、灵活地处理各种劳动纠纷，才有可能理顺企业经营管理活动中出现的各种复杂的劳动关系，为企业的发展创造有利的条件。

（一）劳动合同的性质

劳动合同，又叫“劳动契约”或“劳动协议”，是劳动者与企业之间为实现劳动过程，明确相互权利义务的协议。它是劳动关系契约化的具体形式。

《中华人民共和国劳动法》（以下简称《劳动法》）第16条和第17条规定：“劳动合同是劳动者与用人单位确定劳动关系、明确双方权利和义务的协议……劳动合同依法订立即具有法律约束力，当事人必须履行劳动合同规定的义务。”

（二）劳动合同的内容

《劳动法》第19条规定，劳动合同应当以书面形式订立，并包括必备条款和协商条款。必备条款也称为法定条款，包括：①劳动合同期限；②工作内容；③劳动保护和劳动条件；④劳动报酬；⑤劳动纪律；⑥劳动合同终止条件；⑦违反劳动合同的责任。不具备上述条款，合同即不成立。

协商约定条款指双方根据具体情况协商约定的权利、义务条款，设有协商约定的条款，不影响合同的成立。

（三）劳动合同的期限

《劳动法》第20条和新《劳动合同法》第12条规定：“劳动合同的期限分为固定期限、无固定期限和以完成一定的工作任务为期限。”

关于无固定期限合同的签订条件，《劳动法》中规定：“劳动者在同一单位连续工作满 10 年以上，当事人双方同意续延劳动合同的，如果劳动者提出订立无固定期限的劳动合同，应当订立无固定期限的劳动合同。”而根据新《劳动合同法》第 14 条规定，有下列情形之一，劳动者提出或者同意续订、订立劳动合同的，除劳动者提出订立固定期限劳动合同外，应当订立无固定期限劳动合同：①劳动者在该用人单位连续工作满 10 年的；②用人单位初次实行劳动合同制度或者国有企业改制重新订立劳动合同时，劳动者在该用人单位连续工作满 10 年且距法定退休年龄不足 10 年的；③连续订立 2 次固定期限劳动合同，且劳动者没有本法第 39 条和第 40 条第一项、第二项规定的情形，续订劳动合同的。此外，用人单位自用工之日起满一年不与劳动者订立书面劳动合同的，视为用人单位与劳动者已订立无固定期限劳动合同。

而且根据新《劳动合同法》第 19 条规定，试用期包含在劳动合同期限内。劳动合同仅约定试用期的，试用期不成立，该期限为劳动合同期限。

（四）劳动合同的订立与变更

《劳动法》第 17 条规定：“订立和变更劳动合同，应遵循平等自愿的原则，不得违反法律、行政法规的规定。”还明确了劳动者和用人单位签订和变更劳动合同必须遵循的三项根本原则。

（1）平等自愿原则：指签订和变更劳动合同的双方在法律地位上是平等的，并能完全表达各自在自己权益方面真实意志。

（2）协商一致的原则：指双方就合同的所有条款进行充分协商，达成双方意思一致。

（3）不得违反法律、法规的原则，即合法原则：指合同的内容必须符合现行法律法规，不得有与之相违的条款。

（五）无效劳动合同

《劳动法》第 18 条规定，下列劳动合同无效：①违反法律、行政法规的劳动合同；②采取欺诈、威胁等手段订立的劳动合同。

违反法律、法规的劳动合同主要指：①合同主体不合法，如签订合同一方为未满 16 周岁的未成年人；②合同内容不合法，如有要求员工交纳保证金、风险金、抵押金的条款；或要求员工每周工作 6 天，每天工作 10 小时；或要求员工从事国家不允许的活动，如传销、制假、走私等。

采取欺诈、威胁等手段订立的劳动合同主要指：①合同当事人一方故意捏造、歪曲或隐瞒事实，使对方在误解或没有完全了解事实的情况下违背自己的真实意志而签订的劳动合同，如应聘人员出示伪造的学历证书，或用工单位将私营企业的性质说成是全民所有制企业等；②合同当事人一方以给对方造成人身伤害或财产损失进行逼迫致使对方屈服其压力，签订违背自己真实意志的合同，如不续签合同就不归还保证金或要求赔偿损失等。

无效合同从订立时起，就没有法律效力。但是，《劳动法》同时规定，如果合同属于部分条款无效，其余部分仍然有效。另外，劳动合同的无效，应当由劳动争议仲裁委员会或者人民法院确认。

（六）劳动合同的终止和解除

新《劳动合同法》第 44 条规定有下列情形之一的，劳动合同终止：①劳动合同期满的；②劳动者开始依法享受基本养老保险待遇的；③劳动者死亡，或者被人民法院宣告死亡或者宣告失踪的；④用人单位被依法宣告破产的；⑤用人单位被吊销营业执照、责令关闭、撤销或者用人单位决定提前解散的；⑥法律、行政法规规定的其他情形。

劳动合同的解除，是指当事人双方提前终止劳动合同的法律效力，解除双方的权利和义务关系。劳动合同一经订立，双方应认真履约，不得擅自解除。但是，如果发生特殊情况，劳动合同当事人经协商一致后可以解除劳动合同。新《劳动合同法》第 39 条规定，劳动者有下列情形之一的，用人单位可以解除劳动合同：①在试用期间被证明不符合录用条件的；②严重违反用人单位的规章制度的；③严重失职，营私舞弊，给用人单位造成重大损害的；④劳动者同时与其他用人单位建立劳动关系，对完成本单位的工作任务造成严重影响，或者经用人单位提出，拒不改正的；⑤因本法第 26 条第一款第一项规定的情形致使劳动合同无效的；⑥被依法追究刑事责任的。

同时《劳动法》第 26 条规定："有下列情形之一的，用人单位可以解除劳动合同，但是应当提前一个月以书面形式通知劳动者本人：①劳动者患病或者非因公负伤，医疗期满后，不能从事原工作或者不能从事由用人单位另行安排的工作的；②劳动者不能胜任工作，经过培训或者调整工作岗位，仍不能胜任的；③劳动合同订立时所依据的客观情况发生重大变化，致使原合同无法履行，经双方协商不能就变更劳动合同达成协议的。”而上述情形在新《劳动合同》中要求用人单位提前30日以书面形式通知劳动者本人或者额外支付劳动者一个月工资后，可以解除劳动合同。

此外，为保护劳动者利益，我国有关法律还规定从事接触职业病危害作业的劳动者未进行离岗前职业健康检查，或者疑似职业病病人在诊断或者医学观察期间的，劳动者因公丧失劳动能力或患病、负伤在医疗期内、孕期、产期、哺乳期，在本单位连续工作满15年，且距法定退休年龄不足5年的，用人单位不可解除劳动合同。

曾有这样一个案例，某旅游公司员工被辞退后发现怀孕引起的劳动合同纠纷：王女士曾是某旅游公司财务人员。2007年1月31日，王女士劳动合同到期，旅游公司与王女士解除了合同。但王女士说，2月6日她到医院检查发现，自己已经身怀有孕。按照我国劳动法相关规定，妇女在怀孕期到哺乳期结束，用人单位不能与其解除劳动合同。第二天，王女士要求单位恢复工作，但旅游公司不同意。经过劳动仲裁，裁定旅游公司恢复合同。旅游公司不服，告上法院。旅游公司表示，解除合同时，公司并不知道王女士怀孕，因此解除合同有效。不过公司同意补偿王女士5万元。王女士的代理人不接受5万元的补偿，称如果到哺乳期结束，按王女士的工资计算，公司至少应支付14万元。双方调解无果，法官做出判决认为，虽然合同到期后双方终止合同并已办手续，但王女士在合同终止前就已经怀孕，应将劳动关系顺延到哺乳期届满，旅游公司要求劳动合同终止无效。

为了保障劳动者有充分的自主权，我国有关法律规定，劳动者只要提前30日以书面形式通知用人单位，劳动者在任何条件下都可以解除劳动合同。

（七）违反劳动合同的责任

违反劳动合同的责任是指用人单位或劳动者本身的过错造成不履行或不适当履行合同的责任，根据《劳动法》和《违反和解除劳动合同的补偿办法》的规定如下。

1. 用人单位侵害劳动者的情形及相应的责任

《劳动法》第91条规定：用人单位有下列侵害劳动者合法权益情形之一的，由劳动行政部门责令支付劳动者的工资报酬、经济补偿，并可责令支付赔偿金：

（1）克扣或者无故拖欠劳动者工资的；

（2）拒不按最低工资标准支付劳动者工资的；

（3）低于当地最低工资标准支付劳动者工资的；

（4）解除劳动合同后，未依照劳动法规定给予劳动者经济补偿的。《违反〈中华人民共和国劳动法〉行政处罚办法》第 16 条规定，用人单位有上述四种行为之一者，应责令其支付劳动者工资报酬、经济补偿，并可责令其按相当于支付劳动者工资报酬、经济补偿总和的 1～5 倍支付劳动者赔偿金。

《违反和解除劳动合同的补偿办法》第 3 条规定，用人单位克扣或拖欠劳动者工资以及拒不支付延长工作时间工资报酬的，除在规定时间内全额支付外，还须加发相当于工资报酬 25%的经济补偿金。第 4 条规定，用人单位低于当地最低工资标准支付劳动者工资的，还须加发标准工资 25%的经济补偿金。第 10 条规定，用人单位解除劳动合同后，未按规定给予劳动者经济补偿的，除全额发给经济补偿金外，还须按该经济补偿金数额的 50%支付额外经济补偿金。

2. 由于用人单位的原因订立的无效劳动合同应承担赔偿责任

《劳动法》第 97 条规定："由于用人单位的原因订立的无效合同，对劳动者造成损害的，应承担赔偿责任。"第 99 条规定："用人单位招用未解除劳动合同的劳动者，对原用人单位造成经济损失的，该用人单位应当依法承担连带赔偿责任。"

3. 用人单位违法解除合同或故意拖延不订立合同应当承担经济责任

《劳动法》第 98 条规定："用人单位违反本法规定的条件解除劳动合同或者故意拖延不订立劳动合同的，由劳动行政部门责令改正，对劳动者造成损害的，应当承担赔偿损失。"

4. 用人单位由于客观原因解除劳动合同的补偿责任

（1）劳动者不能胜任工作，经过培训或者调整工作岗位仍不能胜任的，由用人单位解除劳动合同的，《违反和解除劳动合同的经济补偿办法》（以下简称《办法》）第 7 条规定："用人单位按其在本单位工作年限，工作时间每满1年，发给相当于1个月工资的经济补偿金，最多不超过12个月。”

(2)《办法》第8条规定：“劳动合同订立时所依据的客观情况发生变化，致使劳动合同无法履行，经当事人协商不能就变更劳动合同达成协议，由用人单位解除劳动合同的，用人单位按劳动者在本单位工作的年限，工作时间每满1年发给相当于1个月工资的经济补偿金。”

(3)《办法》第9条规定：“用人单位濒临破产进行法定整顿期间或者生产经营发生严重困难，必须裁减人员的，用人单位按被裁减人员在本单位工作的年限支付经济补偿金。在本单位工作的时间每满一年，发给相当于1个月工资的经济补偿金。”

5. 经当事人协商由用人单位解除合同的经济补偿责任

《办法》第5条规定：“经劳动合同当事人协调一致，由用人单位解除劳动合同的，用人单位应根据劳动者在本单位工作年限，每满1年发给相当于1个月工资的经济补偿金，最多不超过12个月。”

6. 劳动者患病或者非因工负伤不能从事原工作也不能由用人单位另行安排工作而解除劳动合同的经济补偿责任

《办法》第6条规定：“用人单位应按其在本单位的工作年限，每满1年发给相当于1个月工资的经济补偿金，同时发给不低于6个月工资的医疗补助费，患重病和绝症的还应增加医疗补助费，患重病的增加部分不低于补助费的50%，患绝症的增加部分不低于医疗补助费的100%。”

7. 劳动者违反劳动合同的赔偿责任

《劳动法》第102条规定：“劳动者违反本法规定的条件解除劳动合同或者违反劳动合同中约定的保密事项，对用人单位造成经济损失的，应当依法承担赔偿责任。”

二、劳动保护

我国是社会主义国家，劳动者是国家的主人，在《中华人民共和国劳动法》（简称《劳动法》）中在工作时间和劳动保障方面制定了相关的法律法规，对劳动者进行劳动保护。

（一）劳动时间

1. 标准工作时间

《劳动法》第36条规定，国家实行劳动者每日工作时间不超过8小时、平均每周工作时间不超过44小时的工时制度。

2. 计件工作时间

对实行计件工作的劳动者，用人单位应当根据《劳动法》第36条规定的工时制度合理确定其劳动定额和计件报酬标准。

3. 延长工作时间

（1）由于生产需要延长工作时间：《劳动法》规定，用人单位由于生产经营需要，经与工会和劳动者协商后可以延长工作时间，一般每日不得超过1小时；因特殊原因需要延长工作时间的，在保障劳动者身体健康的条件下延长工作时间每日不得超过3小时，但是每月不得超过36小时。

（2）由于发生自然灾害、事故或者因其他原因，威胁劳动者生命健康和财产安全，需要紧急处理的；或者生产设备、交通运输线路、公共设施发生故障，影响生产和公众利益，必须及时抢修的以及法律、行政法规规定的其他情形等紧急特殊情况而需要延长工作时间：有上述情形之一的，延长工作时间不受《劳动法》第41条规定的限制。

（3）用人单位不得违反《劳动法》规定延长劳动差的工作时间。

4. 法定休假

（1）每周公休假日：用人单位应当保证劳动者每周至少休息1日。

（2）其他休息办法：企业因生产特点不能实行《劳动法》第36条、第38条规定的，经劳动行政部门批准，可以实行其他工作和休息办法。

（3）法定节假日：用人单位元旦、春节、国际劳动节、国庆节以及法律法规规定的其他休假节日期间应当依法安排劳动者休假。

（4）年休假：劳动者连续工作一年以上的，享受带薪年休假。具体办法由国务院规定。

（二）劳动报酬

1. 工资分配原则

《劳动法》规定，工资分配应当遵循按劳分配原则，实行同工同酬。工资水平在经济发展的基础上逐步提高。国家对工资总量实行宏观调控。用人单位根据本单位的生产经营特点和经济效益，依法自主确定本单位的工资分配方式和工资水平。

2. 最低工资保障

《劳动法》中规定，国家实行最低工资保障制度。最低工资的具体标准由省、自治区、直辖市人民政府规定，报国务院备案。而用人单位支付劳动者的工资不得低于当地最低工资标准。在确定和调整最低工资标准应当综合参考劳动者本人及平均赡养人口的最低生活费用、社会平均工资水平、劳动生产率、就业状况以及地区之间经济发展水平的差异等因素。

3. 工资支付规定

（1）正常工资支付的工资应当以货币形式按月支付给劳动者本人。不得克扣或者无故拖欠劳动者的工资。劳动者在法定休假日和婚丧假期间以及依法参加社会活动期间，用人单位应当依法支付工资。

（2）有下列情形之一的，用人单位应当按照下列标准支付高于劳动者正常工作时间工资的工资报酬：安排劳动者延长工作时间的，支付不低于工资150％的工资报酬；休息日安排劳动者工作又不能安排补休的，支付不低于工资200％的工资报酬；法定休假日安排劳动者工作的，支付不低于工资的300％的工资报酬。

（三）劳动安全卫生

1. 一般劳动安全保护

（1）劳动安全卫生制度的相关规定包括用人单位必须建立、健全劳动安全卫生制度。严格执行国家劳动安全卫生规程和标准，对劳动者进行劳动安全卫生教育，防止劳动过程中的事故，减少职业危害；从事特种作业的劳动者必须经过专门培训并取得特种作业资格。国家建立伤亡事故和职业病统计报告和处理制度。县级以上各级人民政府劳动行政部门、有关部门和用人单位应当依法对劳动者在劳动过程中发生的伤亡事故和劳动者的职业病状况，进行统计、报告和处理。

（2）劳动安全卫生要求：劳动安全卫生设施必须符合国家规定的标准。新建、改建、扩建工程的劳动安全卫生设施必须与主体工程同时设计、同时施工、同时投入生产和使用。用人单位必须为劳动者提供符合国家规定的劳动安全卫生条件和必要的劳动防护用品，对从事有职业危害作业的劳动者应当定期进行健康检查。

(3) 遵守劳动过程中的安全规程：劳动者在劳动过程中必须严格遵守安全操作规程。劳动者对用人单位管理人员违章指挥、强令冒险作业，有权拒绝执行；对危害生命安全和身体健康的行为，有权提出批评、检举和控告。

2. 国家对女职工和未成年工实行特殊劳动保护

(1) 对女职工的特殊保护包括劳动强度：禁止安排女职工从事矿山井下、国家规定的第四级体力劳动强度的劳动和其他禁忌从事的劳动；不得安排女职工在经期从事高处、低温、冷水作业和国家规定的第三级体力劳动强度的劳动；不得安排女职工在怀孕期间从事国家规定的第三级体力劳动强度的劳动和孕期禁忌从事的活动。对怀孕 7 个月以上的女职工，不得安排其延长工作时间和夜班劳动；对于在产育期的女职工生育享受不少于 90 天的产假。不得安排女职工在哺乳未满 1 周岁的婴儿期间从事国家规定的第三级体力劳动强度的劳动和哺乳期禁忌从事的其他劳动，不得安排其延长工作时间或夜班劳动。

(2) 对年满 16 周岁未满 18 周岁的未成年劳动者的保护。劳动强度方面不得安排未成年工从事矿山井下、有毒有害、国家规定的第四级体力劳动强度的劳动和其他禁忌从事的劳动。定期体检方面规定用人单位应当对未成年工定期进行健康检查。

(四) 劳动者社会保险和福利

1. 社会保障制度

国家发展社会保险事业，建立社会保险制度，设立社会保险基金，使劳动者在年老、患病、工伤、失业、生育等情况下获得帮助和补偿。

2. 社会保险水平

社会保险水平应当与社会经济发展水平和社会承受能力相适应。

3. 社会保险基金

按照保险类型确定资金来源，逐步实行社会统筹。用人单位和劳动者必须依法参加社会保险，缴纳社会保险费。

4. 依法享受社会保险待遇

劳动者在退休、患病、负伤、因工伤残或者患职业病、失业、生育的情形下，依法享受社会保险待遇；劳动者死亡后，其遗属依法享受遗属津贴；劳动者享受社会保险待遇的条件和标准由法律、法规规定；劳动者享受的社会保险金必须按时足额支付。

5. 社会保险基金经办和监督

社会保险基金经办机构依照法律规定收支、管理和运营社会保险基金，并负有使社会保险基金保值增值的责任；社会保险基金监督机构依照法律规定，对社会保险基金的收支、管理和运营实施监督。社会保险基金经办机构和社会保险基金监督机构的设立和职能由法律规定。任何组织和个人不得挪用社会保险基金。

6. 补充保险和储蓄性保险

国家鼓励用人单位根据本单位实际情况为劳动者建立补充保险；国家提倡劳动者个人进行储蓄性保险。

7. 国家与用人单位的责任

国家发展社会福利事业，兴建公共福利设施，为劳动者休息、休养和疗养提供条件；用人单位应当创造条件，改善集体福利，提高劳动者的福利待遇。

三、劳动争议

劳动争议也叫劳动纠纷，在西方叫“劳资争议”。它是指劳动关系当事人之间因劳动的权利和义务发生分歧而引起的争议。由于劳动关系的日益复杂化，加之有关法律法规尚不健全，企业的劳动争议逐年增多。

(一) 劳动争议的含义

劳动争议是指劳动关系双方当事人因实现劳动权利和履行劳动义务而发生的纠纷。尤其是在“三资”企业和私营企业，劳动强度与劳动报酬不成比例；劳动条件恶劣，危害员工身心健康；打骂、体罚员工；克扣工资；违法辞退等现象较为严重。

广义上的劳动争议包括因执行劳动法或履行劳动合同、集体合同的规定而引起的争议，因制定或变更劳动条件而产生的争议；狭义的劳动争议仅指因执行劳动法或履行劳动合同、集体合同的规定而引起的争议。

劳动争议的当事人是指劳动争议当事人双方（包括自然人、法人和具有经营权的用人单位），即劳动法律关系中权力的享有者和义务的承担者。当事人可以委托1～2名律师或其他人代理参加仲裁活动。劳动争议当事人双方（包括自然人、法人和具有经营权的用人单位），即劳动法律关系中权力的享有者和义务的承担者。当事人可以委托1～2名律师或其他人代理参加仲裁活动。

（二）劳动争议产生的原因

虽然形成劳动争议的原因很多，但主要有以下几种：

（1）无契约、法规，因而当事人各自从自己的利益出发，引起纠纷。

（2）有契约、法规，但过于笼统，不能具体界定双方责任、义务、权利，或已不适应新的形势；企业经营管理者（包括人力资源主管）对有关法律法规不熟悉，不能依法办事和处理问题。

（3）契约、法规不合理，使一方或双方均不能接受，或无法执行。

（4）对契约、法规理解不同，引起争执。

（5）不承认契约、法规的约束，一方提出无理要求。

（6）有关管理机构工作失误。

（三）劳动争议的类型

企业人力资源管理部门经常会遇到的劳动争议主要有以下类型。

1. 录用争议

就业者认为企业在招工中营私舞弊，使自己受到不公正待遇。尤其在工作条件好、报酬较高的企业，因竞争激烈，容易发生这类争议。在美国，少数民族、妇女对这个问题尤为敏感，为此美国国会有专门法律保障就业方面的公平机会。

2. 调动争议

员工要求调动，企业则因其是业务骨干而不准，或提出退房、赔偿培训费等要求，或采取扣压档案等办法“强留”引起争议；有的员工则在找到更有吸引力的工作单位后不辞而别，甚至带走了技术秘密，这也会引起争议。

在美国，尽管人员流动性大，但对不同人员辞退或辞职，都规定有不同的提前打招呼的时间要求。

3. 劳动合同争议

关于劳动合同是否延续，尤其是被解除合同的争议，被解职者认为企业不合法（不符合劳动合同）或不合理（不公正），提出申诉。

在市场经济条件下，社会上应有成熟的人才市场，人力资源在这里找到他们实现自身价值的工作岗位，企业在这里招收他们所需要的员工。然而，在我国，由于人才市场发展不完善，出现了很多问题，特别是在员工辞职与企业解雇方面。

员工辞职最常面临的问题，是企业对辞职人的各种刁难。传统上人员的单位所有制观念在某些企业领导头脑中仍占有重要地位。当他们面对某位骨干辞职的要求时，会想方设法进行各种刁难，比如赔偿企业培训费用、交出企业分配或卖出的住房、交纳企业的档案管理费、先要孩子离开企业的幼儿园等，如果这个员工的爱人也在同一企业工作，那么，也请一并“撤离”等。当然，这种情况大多出现在企业认为的骨干身上。但有一点是肯定的，那就是企业没有用好他们。这种用消极的办法挽留人才的做法，不仅违反了劳动法，容易引起劳动纠纷，还会使在岗的类似员工失去对企业的信心，给企业未来的招聘工作带来消极影响。

企业解雇是企业主动与员工解除劳动关系的一种形式，也叫“辞退”；类似的形式还有资遣。解雇与资遣并不都是由于员工的过错，也并非是对员工的处分。比如，企业业务稍减、企业分厂关闭、企业冗员过多等，都有可能带来与员工解除劳动关系的情况。现在我国旅游企业还存在着不够尊重员工权益，不依法办事的现象。

4. 劳动报酬争议

在确定工资标准、工资调整、工资支付方面员工有意见。例如，因历史原因使一些员工工资提升受到影响，造成“后遗症”，员工要求“落实政策”；一些员工没有与其他人一样提薪，认为受到不公平待遇；有的企业拖欠工资，引起员工不满等。

当前的薪酬制度改革也引发了一些劳动报酬争议。薪酬制度改革是企业管理改革的突破口，也是与广大员工切身利益最为紧密相关的改革，关系到能否充分调动职工的积极性。然而，有一些不好的现象容易引发劳动争议：

（1）牺牲效率，搞平均主义的公平，维护表面的团结。这其实就是维持原有的国有企业运行机制，改革“换汤不换药”，大家一团和气，绩效好的员工降低自己的生产率，绩效差的员工满心欢喜。

（2）不顾公平，过分强调效率，在职工中进行过分竞争。有的企业领导人将改革视为排除异己、拉帮结派的机会，借此对员工予取予夺，扩大势力。如果企业没有公开、公平的竞争机制，没有合理的管理制度，在“人治”的背景下就很容易产生这种现象。结果造成员工离心离德，人际关系紧张，劳动关系脆弱。

（3）分配方案自身不合理，经不起推敲。分配改革非常必要，特别是在我国众多企业管理水平尚比较低的情况下，通过分配制度的改革来促进效率、增进公平，提高职工的劳动积极性和进取精神，是很有必要的。但制度设计本身必须经得起考验，必须按照科学的职位评价体系，结合国家、地区、行业和本企业实际，设计出合理的薪酬制度。

（4）工作做得不细致。分配改革是最为敏感的神经，在一项改革制度确定后，不能硬性推行，要考虑职工的承受能力，进行充分的宣传、推广，使大多数员工理解并接受；否则，冲突、打人、告状、上访、劳动关系紧张的问题都有可能出现。

（5）克扣工资。部分企业、地区，特别是我国的有一些资质为三资企业又面对的是没有组织起来的“打工仔”“打工妹”，无视、不尊重员工的很多权利，甚至做出限制人身自由等违法的事情。

5. 劳动保护争议

在有害作业场所，员工就改善工作条件、发放劳动保护用品及有害作业津贴方面与管理人员有不同意见；女工拒绝从事有害身体健康的工作，如在怀孕、哺乳期拒绝上夜班，引起争议。

6. 劳动保险争议

如关于享受退休还是“离休”待遇的争议；因工还是非工患病、负伤、致残、死亡的争议；关于如何计算工龄确定退休工资的争议等。

我国企业当前主要存在的问题是欠缴保险费，因此影响了职工社会保障经费的落实。亏损的企业欠费，有些赢利的企业也将社会保险费看作是企业的额外负担，能拖则拖。

7. 处罚争议

管理人员采用惩罚手段整顿劳动纪律，被罚员工不服引起争议；有的认为不该受罚，有的认为同一错误处罚不公，有的认为是上级故意打击报复，等等。

作为企业人力资源管理中激励的重要内容，纪律处分制度显然是必要的，因为在强化理论中，负强化在某些情况下也是有效的管理手段。然而，在我国很多企业中，存在着以下两方面的严重问题：

(1) 以罚代管。有些企业过度地运用负强化手段，职工稍有不慎就会受到罚款、处分，造成人心惶惶。事实上，每个有经验的管理者都知道，由于管理本身是一个系统性极强的工作，员工的有些错误或不恰当做法并不是员工自身的主、客观原因造成的，很可能来自于管理制度自身的不完善。比如，在质量管理中，“80%的质量问题来自设计而不是制造”，那么负责制造的员工产生的质量问题很可能来自于产品自身的设计问题，而不是负责制造的员工所能够控制的。企业在这方面的不慎重有时可能导致很多不必要的冲突，有些甚至造成了惨案。管理人员应该有明确的意识，要保持纪律的严肃性，要严格地按照规章制度正确地执行正强化和负强化手段。

(2) 法外滥罚。制度不明确，主管人员“出口成章”，可以任意地进行规定或者对规定进行任意的解释。这样很容易造成劳动者与管理人员产生对立。管理学的理论告诉我们，在进行激励的过程中，特别要注意尽量多用奖励的手段，除非必要，不用或少用惩罚的手段。而且，在对员工进行处分的过程中，也应该做到“无情制度，有情执行”。比如，一家公司的一位女员工因为在下雪天要送小孩到很远的幼儿园而迟到 1 小时。按照公司规定，应该罚款 100 元。公司领导知道这位女工平时工作认真，总是超额完成任务，几乎从没有这样的情况发生，经了解，知道她夫妻两地分居，她每天都要绕道将近 2 小时送孩子，在大雪天为尽量不迟到，早晨 4 点就起床赶路。决定：既严格执行了制度，照罚不误，同时，又尽快帮助这位女工联系了一家更为方便的幼儿园照顾孩子，使她每天可以节约1．5小时的时间。为此，这位女工在交罚款时非常诚恳，表示自己心服口服，衷心拥护企业的决定。后来她以加倍的努力工作，很快在自己的岗位上做出了杰出的成绩；同时公司员工也深受感动和教育。显然，企业应该不断提高管理水平，健全管理制度，经常进行管理审计和咨询，加强管理制度的宣传教育，使员工在一个制度明确的环境下开展工作。在必要进行惩罚时，也要设法帮助员工解决认识问题和实际困难，这样才能使有限的纪律处分产生无限的管理效果。

（四）劳动争议处理的原则

根据劳动法的规定，在处理劳动争议时应当遵循下述原则。

1．调解和及时处理原则

用人单位与劳动者发生劳动争议，当事人可以依法申请调解、仲裁、提起诉讼，也可以协商解决。调解原则适用于仲裁和诉讼程序，是指在双方当事人自愿的前提下，由劳动争议处理机构在双方之间进行协调和疏通，目的在于促使争议双方相互谅解，达成协议，从而结束争议的活动。

处理劳动争议，还应遵循及时处理的原则，防止久调不决。劳动争议案件具有特殊性，它关系到员工的就业、报酬、劳动条件等切身利益问题，如不及时迅速地予以处理，势必影响员工的生活和企业生产秩序的稳定。所以，劳动法规定，提出仲裁要求的一方应当自劳动争议发生之日起60日内向劳动争议仲裁委员会提出书面申请，仲裁裁决一般应在收到仲裁申请的60日内作出。

2．依法处理原则

劳动争议处理机构应当对争议的起因、发展和现状进行深入细致的调查。在查清事实、明辨是非的基础上，依据劳动法规、规章和政策做出公正处理。达成的调解协议、做出的裁决和判决不得违反国家现行法律和政策规定，不得损害国家利益、社会公共利益或他人合法权益。因此，为避免或减少劳动争议，企业在人力资源管理中依法办事，既可维护企业的合法权益，又不损害员工的合法权利。

3．平等公正原则

这一原则包含两层含义：一是劳动争议双方当事人在处理劳动争议过程

中法律地位平等，平等地享有权利和履行义务，任何一方都不得把自己的意志强加于另一方；二是劳动争议处理机构应当公正执法，保障和便利双方当事人行使权利，对当事人在适用法律上一律平等，不得偏袒或歧视任何一方。

（五）解决劳动争议的主要途径和方法

根据劳动法的规定，我国目前的劳动争议处理机构为劳动争议调解委员会、劳动争议仲裁委员会和人民法院。这是解决劳动争议的3个现实的渠道。

1. 通过劳动争议调解委员会进行调解

劳动法规定，有的用人单位内部可以设立劳动争议调解委员会，它由员工代表、企业代表、工会代表三方组成。在企业中，员工代表由员工代表大会推举产生；企业代表由厂长（经理）指定；工会代表由企业工会委员会指定。调解委员会组成人员的具体人数由职代会提出并与厂长（经理）协商确定，委员会主任由企业工会代表担任，其办事机构设在企业工会中。

劳动争议调解委员会所进行的调解活动是群众自我管理、自我教育的活动，具有群众性和非诉讼性的特点。劳动争议调解委员会调解劳动争议的步骤如下。

(1) 申请。是指劳动争议当事人以口头或书面方式向本单位劳动争议调解委员会提出调解的请示，是自愿的申请。

(2) 受理。是指劳动争议调解委员会接到当事人的调解申请后，经过审查，决定接受申请的过程。受理包括三个过程：①审查，即审查发生争议的事项是否属于劳动争议，只有属于劳动争议的纠纷事项才能受理；②通知并询问另一方当事人是否愿意接受调解，只有双方当事人都同意调解才能受理；③决定受理后，应及时通知当事人做好准备，并告之调解时间、地点等事宜。

(3) 调查。经过深入调查研究，了解情况，掌握证据材料，弄清争议的原委，以及调解争议的法律政策依据等。

(4) 调解。调解委员会召开准备会，统一认识，提出调解意见，找双方当事人谈话，召开调解会，双方达成协议，即由调解委员会制作调解协议书。

2. 通过劳动争议仲裁委员会进行裁决

劳动争议仲裁委员会是依法成立的、独立行使劳动争议仲裁权的劳动争议处理机构。它以县、市、市辖区为单位，负责处理本地区发生的劳动争议。

世界各国对于劳动争议的处理虽因各国国情的不同而有所区别，但以仲裁方式来解决劳动争议则为世界各国所普遍采用。

劳动争议仲裁委员会由劳动行政主管部门、同级工会、用人单位三方代表组成，劳动争议仲裁委员会主任由劳动行政主管部门的负责人担任。劳动行政主管部门的劳动争议处理机构为仲裁委员会的办事机构，负责办理仲裁委员会的日常事务。

劳动争议仲裁委员会是一个带有司法性质的行政执行机关，其生效的仲裁决定书和调解书具有法律强制力。

(1) 劳动争议仲裁应遵循的三个原则。首先是调解原则。先行调解，调解不成再及时仲裁。因为调解简便易行、灵活迅速、能缓解矛盾，但要贯彻当事人双方自愿原则。其次是及时、迅速原则。劳动争议仲裁委员会必须严格依照法律规定的期限结案，即“仲裁裁决一般应在收到仲裁申请的 60 日内作出”。最后是一次裁决原则。劳动争议仲裁委员会对每一起劳动争议案件实行一次裁决即行终结的法律制度。当事人不服裁决，可在收到仲裁书之日起 15 日内，向有管辖权的人民法院起诉。期满不起诉的，仲裁决定书即发生法律效力。

(2) 劳动争议仲裁一般分为五个步骤。一是受理案件阶段。即当事人申请和委员会受理阶段。当事人应在争议发生之日起 60 日内向仲裁委员会递交书面申请，委员会应当自收到申请书之日起 7 日内做出受理或不予受理的决定。二是调查取证阶段。此阶段工作又分拟订调查提纲、有针对性地进行调查取证工作和审查证据，去伪求真三个步骤。三是调解阶段。调解必须遵循自愿、合法的原则。“调解书”具有法律效力。四是裁决阶段。调解无效即行裁决。五是执行阶段。

3. 通过人民法院处理劳动争议

人民法院并不处理所有的劳动争议，只处理如下范围内的劳动争议案件。

(1) 争议事项范围。因履行和解除劳动合同发生的争议；因执行国家有关工资、保险、福利、培训、劳动保护的规定发生的争议；法律规定由人民法院处理的其他劳动争议。

(2) 企业范围。国有企业、县（区）属以上城镇集体所有制企业、乡镇企业、私营企业、“三资”企业。

(3) 员工范围。与上述企业形成劳动关系的劳动者；经劳动行政机关批准雇用并已签订劳动合同的临时工、季节工、农民工；依据有关法律法规的规定，可以参照劳动法处理的其他员工。

各区、县劳动和社会保障局，各旅行社：

为加强旅行社的劳动管理工作，维护企业和职工双方的合法权益，促进本市旅游行业的健康发展，保持首都的社会稳定，现就加强旅行社劳动管理和规范劳动关系的有关问题通知如下。

(1) 旅行社与存在劳动关系的导游员应按照《劳动法》《北京市劳动合同规定》(北京市人民政府第91号令) 和本通知的规定订立劳动合同。旅行社故意拖延不订立劳动合同，对导游员造成损害的，应当承担赔偿责任。

旅行社与导游员存在劳动关系未订立劳动合同，导游员要求签订劳动合同的，旅行社不得解除劳动关系，并应当与导游员签订劳动合同。双方当事人就劳动合同期限协商不一致的，劳动合同期限从签字之日起不得少于1年。

(2) 旅行社应依法加强劳动合同管理，建立健全劳动合同、工资支付等管理制度，不得要求导游员垫付团费。

旅行社根据旅游业务的需要可以与导游员签订有固定期限、无固定期限和以完成一定工作为期限的劳动合同。

旅行社与导游员签订劳动合同可以使用市劳动保障局制定的劳动合同范本，也可以使用自行制定的文本。自行制定的文本应载明必备条款。

(3) 旅行社应按照《劳动法》《北京市工资支付规定》(北京市人民政府第142号令) 的规定和劳动合同中的约定向导游员支付工资。向导游员支付的工资不得低于北京市最低工资标准。

(4) 旅行社和导游员应按照国家和北京市的规定参加养老、失业、医疗、工伤和生育等社会保险。

旅行社与签订完成一定工作为期限劳动合同的导游员可以在劳动合同中约定导游员缴纳社会保险的方式，但旅行社应按规定承担用人单位应当缴纳的社会保险费用。

(5) 旅行社使用劳务派遣组织或者其他用人单位的职工作为导游员，旅行社应与劳务派遣组织、其他用人单位和导游员三方签订劳务协议或借调协议，并明确各方权利义务。未签订劳务协议，且职工已与新工作单位存在劳动关系的，原用人单位可以根据本单位的规章制度解除与该职工的劳动合同，旅行社应与该职工签订劳动合同，并补办调入或录用手续。

(6) 导游员应持导游证上岗。与旅行社存在劳动关系的导游员申请导游证，应持有与旅行社签订的劳动合同。未按本通知的规定与旅行社签订劳动合同的，旅游行政管理部门将不予办理导游证、不予通过导游证年度审验。

(7) 旅游行政管理部门要认真履行行业管理的职责，对使用未按规定签订劳动合同或劳务合同导游员的旅行社，责令限期改正，逾期不改的，按国家和北京市的有关规定进行处罚。

(8) 旅行社招用尚未解除劳动合同的导游员，对原用人单位造成经济损失的，除导游员承担直接赔偿责任外，该旅行社应当按照《劳动法》和劳动部《违反〈劳动法〉有关劳动合同规定的赔偿办法》承担连带赔偿责任。其连带赔偿的份额应不低于对原用人单位造成经济损失总额的70%。

(9) 因旅行社原因，未订立劳动合同的，职工有权向劳动监察部门举报，劳动监察部门经查证属实，责令限期改正。逾期不改的，依据《北京市劳动合同规定》(北京市人民政府第91号令)的规定，按照未签订劳动合同的人数，处以旅行社每人500元罚款。对违法情节恶劣、影响较坏的典型通过媒体曝光。

(10) 各级劳动保障行政部门和旅游行政部门要加强所属辖区内旅行社规范劳动关系的监督、检查，各局、总公司对所属旅行社的劳动关系要进行认真的清理规范。

第三节　建立和谐的劳动关系

对人力资源管理部门来说，建立和谐的企业内部劳动关系可以通过完善健全劳动法系，建立用人单位和雇主、劳动者和工会、政府和社会组织三方机制的协调、培训主管人员、鼓励员工参与民主管理等途径。其中，提高员工的工作生活质量，是改善劳动关系的根本。

一、劳动法系健全

法律体系的完善是劳动关系改善的基石。而目前我国的立法现状却不尽如人意。“一个比较健全的劳动法体系至少应当包括劳动基本法、就业促进法、劳动基准法、劳动监察法、集体合同法、劳动合同法、劳动争议处理法、社会保险法这八部法律”。但到目前为止，全国人大除了对1995年实施的《劳动法》不断完善，《集体合同法》《劳动争议处理法》《劳动安全卫生法》《工资法》等相关配套法律尚未进入立法程序。由于法律上的缺失，执法力度不强，大量的劳动问题无法可依，执法机关对问题不能有效识别，及快速合理地处理，致使劳动关系的恶化。不过2008年实施的《劳动合同法》和已逐步提上日程的《社会保险法》《就业促进法》将对劳动关系的改善发挥很大作用。

当前，对劳动关系问题的处理主要是以《劳动法》为依据。而改革开放后，社会上出现了许多新的劳动关系，诸如农民工进城务工等问题，《劳动法》已不能有效地做出调整，亟待新的法律加以补充。《劳动合同法》应运而生，它更有效地调整了劳动关系，使之朝着协调稳健的方向发展。但是《劳动合同法》仍存在许多争议和需要完善的地方。政府审议和社会广泛参与能促使该法在劳资双方找到一个比较合理的平衡，并最终改善劳动关系。

二、建设三方协商机制

劳动法律法规在以人为本的原则促进劳动关系、和谐稳定的宗旨下，制定了严格的法律内容，强调了执法力度和违法后果，对社会有广泛的指导意义。然而，调研发现，改善劳动关系的关键是建立三方协商机制。

（一）何谓三方协商机制

根据国际劳工组织1976年144号《三方协商促进国际劳工标准公约》规定，三方协商机制是指政府、雇主和工人之间，就制定和实施经济与社会政策而进行的所有交往和活动。我国从20世纪90年代中期开始，逐渐出现了在相关法律法规的平台上建立用人单位和雇主协会、劳动者和工会、政府和行业协会的三方协商机制。

（二）三方协商机制的主体

1．雇主组织

用人单位和雇主协会作为劳资双方中的强势群体，成为劳动关系中的关键点和难点。例如上文提到的工资、工时问题在《劳动法》的调整下是非常普遍的，不仅形成了恶化的环境，也扭曲了企业的指导思想。

面对这些现象，《劳动合同法》通过适当的法律倾斜增强了对劳动者自身的保护，通过工会和集体合同等手段加强对劳动者外部的保护，而更重要的是对用人单位的指导意义。随着经济化，国际化的发展，参考众多国内外先进经验，在兼顾公平的同时加大了对劳动者的保护。这就促使用人单位逐渐抛弃以往只靠低劳工成本优势维持运作转而发展自身独特的竞争优势。

而当前面临的最大问题就是执法的规范性和执法力度的加强。这需要社会各有关单位和企业共同努力来实现。特别是企业人力资源管理人员作为企业和员工利益的协调者，不能一味为了企业利益而损害劳动者的利益。雇主协会代表用人单位，已经成为不可忽视的社会力量，对维护和保持良好的劳动关系有着举足轻重的作用。

2．劳动者组织——工会

中国劳动关系当前面临的最突出问题就是劳动者供大于求。而中国的法律体系的不完善使得劳动者成为一个庞大的弱势群体，同时工会也没有起到应有的作用。

工会目前并不能很好地代表劳动者利益，这就需要加强工会的地位，独立于用人单位之外，由工会会费维持运作，从而真正为劳动者谋福利，并进一步加大对工会干部的法律保护，保证工会工作的顺利进行。

对于工会在企业中发挥的作用，应该视具体情况而定。在政府、企业、职工（工会）之间的关系上，私营企业、外资企业与国有企业是不同的。在国有企业中，政府、企业和职工（工会）的利益往往交织在一起，大家同处在一个利益共同体中，一旦有了矛盾和冲突，政府也就自然处在这种矛盾和冲突的纠葛中。民营企业和外资企业中工人利益的对立面是资本家，与政府没有直接的关系，应构建一种劳资双方相互制约的平衡结构和机制，关键是建立真正能够代表工人利益的组织——工会，建立一种劳资双方对等的机制，劳资双方的利益矛盾和劳动争议大多数交给他们自己处理，同时也对政府的执法和管理起到有效的监督作用。因此，在改革现行工会制度的同时，应对民营和外资企业中工人自发成立的工会组织予以承认，应因势利导，对其加以规范，只要遵守宪法和法律，接受上级工会组织的领导，就应允许其存在和活动，并在此基础上建立起一种符合市场经济要求的劳动关系协调制度。

此外，宣传法律和督促劳动者不断学习是工会日常工作的重点，也是劳动关系改善的重点。

3. 政府

目前的劳动法律法规体系并没有对政府和行业协会做出严格规定，但是其执行和贯彻离不开政府和行业协会的支持。即政府和行业协会是改善劳动关系的基础工具。

首先，政府和行业协会作为中间人，一方面通过协商和规定对劳动者进行保护，另一方面又要对用人单位加以规范，要求其严格按照劳动法律法规办事。这是政府和行业协会的社会责任，也为劳动法律法规实施提供保证，特别是在缓解劳资双方冲突，改善劳动关系方面有着重要作用。

其次，由于劳动者供大于求，虽然劳动立法确实表现了对劳动者一定的立法倾斜。但当前劳动者特别是农民工，还存在着严重的法律知识缺乏，没有利用法律武器保护自己的意识，而是简单地采取暴力形式。所以政府在制定法律的同时应该更加重视法律的普及。而在市场经济环境下，劳动关系成为社会基本关系之一，劳动相关法律的普及势在必行。例如，通过学校教育，至少是即将面临就业的大学生实施劳动法的教育。另一方面，通过各种途径大力提升劳动者就业技能。为农民工提供学习平台，例如建立平民夜校等，吸引各类人员义务支持。此外，农民工子女教育也是一个重要的问题，关系着下一代劳动者的质量。

（三）完善我国旅游企北的三方协商机制

1. 协调劳动关系，工会要发挥应有的作用

工会要找准自己的位置：在中外合资企业中，工会组织是职工利益的代表者，也是党的方针政策的忠实执行者。中外合资企业的特殊性，决定了工会在企业中的特殊地位，作用也是其他任何组织无法替代的。工会工作要在

中外合资企业找准自己的位置，本着既维护职工合法权益，又维护企业利益的原则，只有坚持两个维护的统一，才能把劳动关系协调好，才能使工会有为有位。

工会要找准中外双方利益的结合点：工会维护职工合法权益与促进外商投资企业的发展是相辅相成的，互为表里。合资企业中工会要协调好劳动关系，首先要做到使中外双方相互了解，相互谅解，看清自己的利益所在，在不损害各自利益的前提下，找准双方利益的结合点，才能做到精诚合作，同心同德，共创企业繁荣。

工会也要创新求实，采取多种方式。在新形势下，工会的工作方式随着新情况、新问题的出现，也要随之改变。不能只拘泥于工会工作的老路数，也要解放思想，转变观念，与时俱进，开拓创新。中外合资企业工会要根据实际情况，结合企业的管理和经营上的特殊性，推行灵活多样的工作方式，才能收到事半功倍的效果。

2. 政府应该发挥的作用

一是劳动报酬方面：在国家层次上对微观经济运行提出原则性的意见中，建立社会主义市场经济体制的目标提出了“效率优先，兼顾公平”的原则，来处理两者之间的矛盾关系。在企业管理现实中，“效率优先，兼顾公平”也应该是企业注意做好的一个方面。特别是在企业考核、晋升与分配方面，如何坚持这一原则，充分调动广大旅游企业劳动者的积极性，是摆在管理人员面前的一个重要课题。

二是劳动保险：我国颁布了一系列基本养老保险、失业保险、基本医疗保险等方面的决定和条例，2000 年出台了保障体系试点方案，进一步明确了制度框架和主要政策，标志着适应社会主义市场经济要求、有中国特色的社会保险制度框架基本确立。工伤保险、生育保险工作和农村社会养老保险整顿规范工作，也取得了积极进展。社会保险管理服务社会化程度正在提高，基本养老金社会化发放率达到 90%以上。我国在这方面的立法工作步伐加快，国务院颁布了《失业保险条例》《社会保险费征缴暂行条例》，发布了《国务院关于建立统一的城镇企业职工基本养老保险制度的决定》《国务院关于建立城镇职工基本医疗保险制度的决定》。劳动保障监察制度基本建齐，全国县级以上劳动和社会保障行政部门普遍建立了监察执法机构，配备了监察人员，全面开展了监察执法工作。劳动和社会保障行政执法监督工作也取得了较大的进展。

3. 旅游企业应该遵循的原则

(1) 劳动保险。企业管理者应有正确的认识，意识到这些费用是企业给员工工作回报的一部分，同时也是企业为社会应尽的义务。

(2) 效率原则。要通过退休、退养及其他措施，将对于企业发展具有重要作用的人才保留住，并且进一步发挥这些骨干的积极性，给他们更多的发展机会，而不能趁机排斥对领导有“威胁”的人。

(3) 合理待遇原则。为鼓励退休、退养，要给出比较优惠的条件，但是一定要处理好在岗职工与退休、退养人员待遇的关系，激发在岗员工的积极性，同时考虑企业的承受能力。

(4) 员工辞职。企业一方面要严格遵守劳动法，尊重员工平等就业和选择职业的权利；另一方面，要加强人力资源管理的工作，提高本企业对员工的吸引力，而不要靠制定许多不合法的土政策来限制人才流动。企业解雇职工不能采取强迫手段，要按照劳动法及其相关法规的规定办理。企业为解决人员过多的矛盾，应该列出具有一定吸引力的退休、退养条件。

参考文献

［1］逄爱梅. 旅游企业人力资源管理与开发［M］. 上海：华东理工大学出版社，2009.

［2］胡华. 旅游企业人力资源管理［M］. 郑州：郑州大学出版社，2011.

［3］吴小苹，胡志国. 旅游企业人力资源管理［M］. 天津：天津大学出版社，2011.

［4］董福荣. 旅游企业人力资源管理［M］. 广州：华南理工大学出版社，2006.

［5］郝树人，朱艳. 旅游企业人力资源管理［M］. 沈阳：东北财经大学出版社，2004.

［6］李岫，田克勤. 旅游企业人力资源管理［M］. 北京：经济科学出版社，2004.

［7］李玉芝. 旅游企业人力资源开发与管理［M］. 杭州：浙江大学出版社，2009.

［8］李玉芝，李文. 现代旅游企业人力资源管理［M］. 杭州：浙江大学出版社，2011.

［9］张满林，周广鹏，赵恒德. 旅游企业人力资源管理［M］. 3版. 北京：中国旅游出版社，2016.

［10］胡红梅. 旅游企业人力资源管理［M］. 北京：中国旅游出版社，2015.

[11] 孙国霞，杨春梅. 旅游企业人力资源管理 [M]. 长春：东北师范大学出版社，2014.

[12] 刘长英. 旅游企业人力资源管理 [M]. 北京：中国物资出版社，2011.

[13] 张满林，周广鹏. 旅游企业人力资源管理 [M]. 北京：中国旅游出版社，2009.

[14] 谢礼珊. 旅游企业人力资源管理 [M]. 北京：旅游教育出版社，2008.

[15] 沈登学，黄萍. 旅游企业人力资源管理 [M]. 成都：西南财经大学出版社，2009.

[16] 赵西萍，黄越，张宸璐. 旅游企业人力资源管理原理·方法·案例 [M]. 天津：南开大学出版社，2014.

[17] 胡红梅. 中国旅游院校五星联盟教材编写出版项目旅游企业人力资源管理 [M]. 2 版. 北京：中国旅游出版社，2017.

[18] 张英华. 旅游企业人力资源管理 [M]. 重庆：重庆大学出版社，2014.

[19] 严伟，戴欣佚. 旅游企业人力资源管理 [M]. 上海：上海交通大学出版社，2011.

[20] 谢礼珊. 旅游企业人力资源管理 [M]. 北京：旅游教育出版社，2010.

[21] 赵西萍. 旅游企业人力资源管理 [M]. 天津：南开大学出版社，2010.